Dejar de Fumar con Éxito y sin Sufrimiento

La Guía que Cambiará tu Vida

Simone Keys

Copyright 2023 Todos los derechos reservados©.

Está estrictamente prohibido reproducir, duplicar o transmitir el contenido de este libro sin la autorización expresa y por escrito de la autora. En ningún caso, el editor será considerado legalmente responsable de cualquier indemnización, daño o pérdida monetaria causada por la información contenida en este libro, ya sea de forma directa o indirecta.

Aviso legal:

No se permite realizar modificaciones, distribución, venta, uso o citación alguna del contenido de este libro sin el consentimiento expreso de la autora.

Aviso de exención de responsabilidad:

La información incluida en este libro sólo tiene fines educativos y de entretenimiento. No se proporcionan garantías explícitas ni implícitas de ningún tipo. Los lectores reconocen que la autora no ofrece asesoramiento legal, financiero, médico o profesional.

Índice

Introducción   9

Capítulo 1. ¿Por qué fuman las personas?   13

1.1. Factores sociales y culturales   15

1.2. Factores psicológicos   18

1.3. Adicción a la nicotina   20

Capítulo 2. Los riesgos del tabaquismo   25

2.1. Riesgos para la salud   25

2.2. Riesgos financieros   28

2.3. Riesgos sociales   29

2.4. Impacto sobre el medio ambiente   31

2.5. El tabaquismo pasivo   32

Capítulo 3. El cigarrillo   35

3.1. Componentes del cigarrillo   36

3.2. ¿Por qué causa adicción?   39

3.3. Cómo afecta a nuestro cuerpo y mente 41

Capítulo 4. Los beneficios de dejar de fumar 45

4.1. Beneficios para la salud 45

4.2. Beneficios económicos 48

4.3. Beneficios sociales 50

Capítulo 5. Preparándote para dejar de fumar 55

5.1. Establecer una fecha para dejar de fumar 58

5.2. Buscar apoyo 61

5.3. Identificar y evitar desencadenantes 63

Capítulo 6. Nutrición para dejar de fumar 67

6.1. Alimentos que ayudan a dejar de fumar 70

6.2. Alimentos y bebidas que deben evitarse 73

6.3. Sobrepeso y dejar de fumar 76

Capítulo 7. Terapias y tratamientos 81

7.1. Tratamientos farmacológicos 85

7.2. Terapias conductuales — 87

7.3. Terapias de apoyo social — 90

7.4. Remedios caseros y naturales — 93

Capítulo 8. Especialistas para dejar de fumar — 97

8.1. Médicos y profesionales de la salud — 100

8.2. Consejeros y terapeutas — 103

Capítulo 9. Antojos y recaídas — 107

9.1. ¿Qué son los antojos? — 110

9.2. Estrategias para manejar los antojos — 112

9.3. ¿Qué son las recaídas? — 116

9.4. Cómo prevenir recaídas — 120

Capítulo 10. Recuperación al dejar de fumar — 125

10.1. Cambios después de dejar de fumar — 128

10.2. Tiempo de recuperación post tabaquismo — 132

Capítulo 11. Cronograma para dejar de fumar — 137

Capítulo 12. Libre de humo a largo plazo   143

12.1. Cómo mantenerse motivado.   146

12.2. Cómo manejar el estrés sin fumar   149

12.3. Ejercicio y actividad física   153

Conclusión   157

Bonus Libertad en Palabras   161

Introducción

Si estás aquí, es probable que en varias ocasiones hayas decidido dejar de fumar, cambiar tu estilo de vida y mejorar tu salud, es posible que lo hayas logrado por algún tiempo, pero retomaste el hábito del cigarrillo.

Sé bien lo que estás pasando, es frustrante volver a caer en el vicio nuevamente, es por eso que te quiero contar mi experiencia y ayudarte a dejar el cigarro de una vez por todas.

Sé valiente y deja ya de fumar, en tus manos tienes la guía definitiva para liberarte del humo con éxito y sin sufrimiento. Esta guía nació de una profunda convicción y una experiencia personal que deseo compartir contigo.

Escribí este libro basado en mi experiencia personal, espero que pueda servirte como una fuente de inspiración y de apoyo en tu propia travesía.

Cada palabra impresa en estas páginas es el resultado de una lucha personal que, como tú, enfrenté en mi camino para liberarme del tabaquismo.

El propósito detrás de esta guía es brindarte una mano amiga, una fuente de aliento y, una brújula confiable para guiarte hacia la una vida libre de humo.

Sé lo desafiante que es intentar dejar el cigarrillo y tener recaídas, pero quiero que sepas que, independientemente de las veces que lo hayas intentado anteriormente, esta guía está diseñada para darte nuevas herramientas y un enfoque renovado que te llevará hacia el éxito definitivo.

La decisión de escribir este libro surgió de un profundo deseo de ayudar a quienes, como yo anteriormente, luchan contra el mal hábito del tabaco.

Años atrás, me encontré en un espiral sin fin. Intenté dejar de fumar en múltiples ocasiones, solo para caer una y otra vez en la trampa del cigarrillo.

Cada vez que recaía, la frustración, la culpa y el desánimo se apoderaban de mí, haciendo que cada intento pareciera más inalcanzable que el anterior.

Fue entonces cuando tomé una decisión firme: no solo deseaba liberarme del humo, sino también ayudar a otros a liberarse de ese yugo.

Sentí la necesidad de compartir mi experiencia, mis triunfos y mis tropiezos, para que otros fumadores pudieran encontrar esperanza y una guía confiable en su propio camino hacia la libertad.

Como ex fumadora, conozco los momentos de debilidad, las ansias incontrolables y los miedos que surgen al enfrentar la idea de dejar el tabaco.

Conocí el lado oscuro de esta adicción: la tos persistente, la falta de aliento y la conciencia constante de los riesgos para mi salud. A medida que mi dependencia crecía, me preguntaba si alguna vez podría librarme del tabaco y recuperar el control de mi vida.

Sin embargo, también conozco la fuerza que reside en cada uno de nosotros, capaz de superar cualquier adversidad, y decidí embarcarme en un viaje de autodescubrimiento y superación.

Comencé a investigar, probé diferentes enfoques y aprendí de mis recaídas. A lo largo de este proceso, experimenté cómo pequeños cambios y herramientas efectivas me guiaron hacia el éxito en el abandono del hábito.

A través de mis propios tropiezos y victorias, aprendí a trazar un camino hacia la libertad, afrontando cada desafío con determinación y valentía.

Es posible dejar de fumar sin sufrimiento, y que esta nueva etapa en tu vida puede ser la más enriquecedora y transformadora.

Te invito a leer este libro, te aseguro que será de gran ayuda para tu nuevo proyecto de vida: Una vida sana y libre de humo.

Capítulo 1

¿Por qué fuman las personas?

El tabaquismo, ese vicio tan arraigado en nuestra sociedad, se ha convertido en una práctica en la vida de muchos. Entender qué hay detrás de este hábito es importante, si es que queremos tener éxito con nuestra meta y dejar de fumar sin sufrimiento.

Desde muy jóvenes, estamos expuestos a imágenes de fumadores en películas, anuncios o programas de tv, lo que influye en cómo percibimos el acto de fumar.

Para algunos, un cigarrillo es la forma de encajar en un grupo, o la vía para satisfacer su curiosidad. Sin embargo, tenemos el poder de tomar decisiones conscientes y saludables para nuestro bienestar.

El estrés, la ansiedad y otras emociones tienen la capacidad para incitar a algunas personas a buscar un alivio en el tabaco, aunque sea temporal y dañino. En algunos casos, la sensación momentánea de placer al fumar puede parecer la respuesta más adecuada ante los desafíos diarios.

Sin embargo, debemos reconocer que, aunque nos dé una sensación agradable, el tabaco no es una solución genuina para manejar nuestras emociones.

Por otra parte, la adicción a la nicotina es uno de los mayores obstáculos para dejar de fumar. Esta nociva sustancia crea una dependencia tanto física como psicológica, lo que hace que dejar de fumar sea un gran reto.

No obstante, quiero resaltar que cada uno de nosotros tiene la fortaleza interna para superar esta adicción. Con conocimientos apropiados y estrategias adecuadas podemos liberarnos del tabaco y recuperar el total control de nuestras vidas.

En este sentido debo comentarte que cada uno de nosotros es único, así que las causas que nos motivan a continuar con el hábito de fumar varían de una persona a otra.

Al indagar sobre estas motivaciones, podemos comprender mejor este hábito y, a la vez, descubrir en nosotros mismos la fortaleza y la determinación para dejar de fumar e iniciar una vida más saludable y totalmente libre de humo.

1.1. Factores sociales y culturales

A lo largo del tiempo, el consumo de cigarrillos ha sido impulsado contínuamente por factores sociales y culturales. Comprender cómo estos factores sientan las bases para nuestra relación con el tabaco, es primordial para abordar el tabaquismo y avanzar hacia una vida libre de humo.

Algunos aspectos que posiblemente nos impulsan a fumar son: Normas sociales y de presión grupal, publicidad y representación del tabaquismo en los medios de comunicación, culturas y tradiciones arraigadas, rol de figuras de autoridad, entre otros. Veamos a continuación cada uno de estos con un poco más de detalle.

Normas sociales y de presión grupal

Nuestra relación y contacto con amigos, familiares o compañeros de trabajo ejerce una gran influencia en nuestra decisión de fumar, ciertamente, en algunos círculos sociales, el consumo de tabaco se ha normalizado y se le considera una actividad social aceptable, común y cotidiana. Es por esto que la presión de un grupo puede impulsar a algunas personas a comenzar o a mantener el hábito del cigarrillo.

Representación en los medios de comunicación

La publicidad y presentación del tabaquismo en los medios de comunicación, desempeñan un papel fundamental en su aceptación social.

En el pasado, los anuncios, propagandas y comerciales de cigarrillos presentaban modelos atractivos fumando, lo que transmitía la idea de que fumar era un hábito glamoroso y sofisticado.

Aunque las actuales estrategias publicitarias han evolucionado y en algunos países es obligatorio indicar su carácter nocivo por ser causante de enfermedades, el impacto histórico de estas imágenes aún perdura en la mente de muchas personas.

Culturas y tradiciones arraigadas

En algunas culturas y tradiciones, el tabaquismo se vincula a ciertos rituales y ceremonias. Fumar puede formar parte de celebraciones, encuentros familiares, eventos religiosos o similares, enlazando este acto a la identidad y costumbres de la comunidad. Romper con estas prácticas es un desafío adicional para quienes desean dejar de fumar.

Rol de figuras de autoridad

La influencia que ejercen algunas figuras de autoridad en la vida de las otras personas, también puede causar impacto en su decisión de fumar.

Este es el caso cuando líderes políticos, celebridades o figuras destacadas están asociados al tabaquismo, esto envía el equivocado mensaje de que fumar es una conducta aceptable e inspiradora. Es fundamental cuestionar esta imagen y decidir con base en nuestra propia salud y bienestar.

Es importante reconocer cómo estos aspectos moldean nuestra percepción sobre el cigarro, y comprender que podemos cuestionar estas influencias y tomar decisiones, informadas y conscientes, para preservar nuestra salud.

1.2. Factores psicológicos

El tabaquismo se vincula con factores psicológicos que influencian tanto nuestro comportamiento, como nuestra toma de decisiones. Entender cómo nuestras emociones y pensamientos se relacionan con nuestro hábito de fumar, es fundamental para cuestionar nuestra relación con el cigarro y poder liberarnos de él.

El estrés y la ansiedad son factores que comúnmente incitan a algunas personas a buscar consuelo en un cigarrillo. La sensación de alivio momentáneo que se produce al fumar, puede parecer un escape para lidiar con las presiones del día a día.

No obstante, consciente o inconscientemente, sabemos que fumar no resuelve problemas, por el contrario, puede generar nuevas dificultades como, por ejemplo, una mayor dependencia emocional al cigarrillo.

En ocasiones, el consumo de cigarrillos se relaciona con la autoestima y la autoconfianza. Algunas personas pueden sentirse más seguras al fumar, pero podemos encontrar formas más saludables y positivas de construir nuestra autoestima, ya que nuestra valía como personas no está relacionada con el tabaco.

Para algunos, el acto de fumar está asociado con la manera de gestionar las emociones, ya que usan el cigarrillo para liberarse de tensiones o lidiar con situaciones estresantes. No obstante, existen alternativas más efectivas y saludables para esto, como practicar ejercicio físico, técnicas de relajación, o expresión creativa.

En otro orden de ideas, la dependencia psicológica del tabaco es real para muchos fumadores, ya que su conexión emocional con el cigarrillo es tal que, se convierte en un "amigo" o "aliado" para enfrentar situaciones difíciles.

Para desvincularnos de esta dependencia es necesario revisar nuestras emociones y patrones de pensamiento, así como evaluar nuevas estrategias para afrontar la vida sin recurrir a una cajetilla de cigarros.

Reconocer la relación entre factores psicológicos con el hábito de fumar, y simultáneamente tomar conciencia de que podemos desligarnos del tabaco, nos permitirá construir una vida libre de humo, más plena y saludable.

1.3. Adicción a la nicotina

La adicción a la nicotina es un aspecto desafiante del tabaquismo, por lo que, necesitamos entender lo qué es, cómo actúa en nuestro organismo y cuál es su impacto en nuestra mente y nuestro cuerpo para combatir el hábito de fumar.

Comprender la naturaleza adictiva de la nicotina presente en el cigarrillo, es fundamental para luchar con el hábito de fumar, pero veamos en qué consiste la principal responsable de la adicción al cigarrillo.

¿Qué es la nicotina y cómo actúa?

La nicotina, una sustancia química, es un alcaloide que está presente en el tabaco, y produce varios efectos sobre el sistema nervioso central.

Cuando una persona inhala el humo del cigarrillo, o consume tabaco de cualquier otra forma (como vapear o masticar tabaco), la nicotina que contiene rápidamente es absorbida por el torrente sanguíneo y la lleva al cerebro, liberando neurotransmisores que dan sensaciones de placer y bienestar.

Esta gratificación inmediata que produce la nicotina, ocasiona la necesidad de buscar continua y compulsivamente esta sensación, lo que a su vez conduce a querer fumar cada vez más seguido.

Tolerancia y dependencia

Con el tiempo, tanto nuestro cuerpo como nuestro cerebro se adaptan a la nicotina, es decir, tienen una mayor tolerancia a ella, a su vez, esto implica que necesitamos fumar más para sentir los mismos efectos que al principio, además, con el aumento de la tolerancia se intensifica nuestra dependencia física y psicológica al cigarrillo.

Síntomas de abstinencia

Al dejar de fumar, podemos tener síntomas de abstinencia por la dependencia a la nicotina. Estos síntomas varían de un fumador a otro, los más comunes son: Ansiedad, irritabilidad, dificultad para concentrarse, intensa necesidad de fumar y cambios en el estado de ánimo, no obstante, el temor a enfrentarlos puede ser un obstáculo para abandonar el tabaco.

Ciclo de la adicción

La adicción a la nicotina crea un ciclo en espiral que parece difícil de romper, como fumadores podemos sentirnos atrapados en un bucle entre calmar los síntomas de la abstinencia fumando un cigarrillo, y que este hábito perpetúe nuestra dependencia.

Al comprender este ciclo adictivo de la nicotina lo podemos interrumpir, liberarnos de su control, y buscar alternativas mucho más saludables.

Dejar de fumar implica confrontar la adicción a la nicotina. El primer paso para librarnos del cigarrillo es comprender cómo surge la dependencia y tomar decisiones informadas para alcanzar nuestro objetivo, lograr una vida plena, saludable y libre de humo.

Capítulo 2

Los riesgos del tabaquismo

Fumar conlleva serios riesgos para nuestra salud. Desde que encendemos un cigarrillo, nuestro cuerpo está expuesto a una amplia variedad de sustancias tóxicas y nocivas los cuales producen diferentes tipos de riesgos.

Estos amenazan aspectos clave de nuestras vidas y los más comunes son: Riesgos para la salud, financieros, sociales, impacto sobre el medio ambiente, tabaquismo pasivo

Cada uno de estos riesgos es una motivación adicional para ser valientes y decidir dejar de fumar. En las siguientes secciones veremos cada uno de ellos con más detalle.

2.1. Riesgos para la salud

Algunos de los riesgos que el tabaquismo produce en nuestra salud son: enfermedades respiratorias, cáncer, enfermedades cardiovasculares, problemas reproductivos y, daño a la piel y envejecimiento prematuro, veamos brevemente en qué consiste cada uno.

Enfermedades respiratorias

El humo del cigarrillo contiene sustancias irritantes y cancerígenas que dañan los pulmones y las vías respiratorias. Fumar está asociado con enfermedades respiratorias graves y el desarrollo de afecciones como: bronquitis crónica, EPOC (enfermedad pulmonar obstructiva crónica) y enfisema, dificultando la respiración y reduciendo nuestra calidad de vida.

Cáncer

Hay productos químicos cancerígenos presentes en el humo del cigarro, estos pueden dañar el ADN de nuestras células y aumentar significativamente el riesgo de desarrollar cáncer.

Es por esto que fumar es la principal causa de cáncer en el mundo, está vinculado directamente con el desarrollo del cáncer de pulmón, esófago, laringe, boca, garganta, vejiga, riñón, páncreas y cuello uterino, entre otros.

Enfermedades cardiovasculares

La nicotina y otros componentes del tabaco aumentan la presión arterial y forman coágulos, esto bloquea arterias, ocasionando problemas en el corazón y el cerebro, estas razones explican por qué fumar es un factor de riesgo para las enfermedades cardiovasculares tales como infarto de miocardio y el accidente cerebrovascular.

Problemas reproductivos

El tabaquismo afecta la salud reproductiva en hombres al disminuir la calidad del esperma y afectar la función eréctil, en las mujeres causa problemas de fertilidad, complicaciones durante el embarazo y aumenta el riesgo de parto prematuro.

Daño a la piel y envejecimiento prematuro

El humo del cigarrillo afecta la circulación sanguínea y reduce el flujo de nutrientes y oxígeno a la piel, ocasionando envejecimiento prematuro, arrugas y un tono de piel apagado. Además, fumar puede agravar afecciones cutáneas, como el acné, y aumentar el riesgo de desarrollar psoriasis.

2.2. Riesgos financieros

Además de afectar nuestra salud, fumar puede convertirse en un hábito costoso que impacta negativamente nuestras finanzas, presupuesto y capacidad de ahorro.

Al comprar cigarrillos regularmente, gastamos dinero en un producto perjudicial para nuestra salud. Aunque su costo no parece significativo a corto plazo, con el tiempo, estos gastos se suman y representan una cantidad considerable de dinero.

Si calculamos cuánto dinero gastamos anualmente comprando cigarrillos, nos vamos a sorprender con la cantidad de dinero que podemos ahorrarnos si dejáramos de fumar.

Estos son los gastos directos del tabaquismo, pero también puede generar costos indirectos relacionados con problemas de salud. Las enfermedades asociadas con el tabaquismo, conllevan a gastos médicos adicionales por consultas médicas, medicamentos y tratamientos. los cuales reducen nuestras finanzas y capacidad para invertir en otras áreas importantes.

Asimismo, los costos por seguro de salud y vida aumentan para los fumadores, ya que las aseguradoras consideran el tabaquismo como un factor de riesgo.

Además de costos individuales, fumar tiene un impacto económico a nivel social, la pérdida de productividad laboral por enfermedades relacionadas con el tabaco es una carga financiera significativa para sistemas de salud y empresas.

2.3. Riesgos sociales

El tabaquismo afecta nuestra vida social. Al fumar un cigarrillo, este deja su olor en la ropa, el cabello y la piel, lo que puede ser desagradable para los no fumadores. Este olor es más notorio en espacios cerrados o cuando se requiere una interacción cercana con otras personas.

Fumar también puede generar incomodidad en ciertos grupos sociales o situaciones, hay quienes se sienten incómodos o preocupados por la exposición al humo de segunda mano, lo que afecta negativamente su percepción por quienes fuman. Esto podría llevar a una separación social entre fumadores y no fumadores, especialmente donde fumar no está bien visto o está prohibido.

Otro riesgo es la posibilidad de ser excluido de grupos o actividades por parte de personas o comunidades con actitud negativa hacia el tabaquismo, el evitar a los fumadores en sus círculos sociales o eventos, podría llevar a una sensación de aislamiento o exclusión afectando el bienestar emocional de los fumadores.

El tabaquismo puede influir en nuestra capacidad para mantener relaciones sólidas, hay personas que prefieren no entablar relaciones cercanas con fumadores por no compartir el hábito de fumar. Esto limita nuestras oportunidades de conectarnos con otros y desarrollar relaciones significativas.

Por último, fumar también afecta nuestras relaciones familiares, en una casa en donde vivan fumadores y no fumadores puede haber tensión y preocupación por la exposición al humo. Además, el tabaquismo afecta la salud de los fumadores, lo que preocupa a sus seres queridos.

2.4. Impacto sobre el medio ambiente

El tabaquismo contamina y daña nuestro entorno natural, uno de los principales problemas ambientales que ocasiona es la generación de residuos con filtros de acetato de celulosa, que tardan años en descomponerse.

A diario los fumadores desechan millones de colillas, lo que contribuye a la acumulación de desechos y a la deforestación, los cultivos de tabaco requieren grandes extensiones de tierra, lo que lleva a la tala de árboles y la pérdida de ecosistemas naturales, con el consecuente impacto negativo en la biodiversidad.

El tabaquismo también contamina el agua y el suelo. La nicotina y el alquitrán presentes en los cigarrillos se filtran al suelo y aguas subterráneas cuando se arrojan las colillas. Esto afecta la calidad del agua que bebemos y los suelos donde se cultivan nuestros alimentos.

Por otra parte, la producción y transporte de cigarrillos emiten gases de efecto invernadero, contribuyendo al cambio climático, asimismo, los cultivos de tabaco requieren fertilizantes y pesticidas químicos, los cuales liberan gases de efecto invernadero durante su producción.

Al dejar de fumar mejoramos nuestra salud y contribuimos a la protección del medio ambiente.

2.5. El tabaquismo pasivo

El tabaquismo pasivo afecta a muchos no fumadores en todo el mundo, aunque no fuman, están expuestos e involuntariamente inhalan el humo de cigarrillo que liberan los fumadores activos, lo que puede provocar graves consecuencias para su salud.

Esta situación suele ocurrir en espacios cerrados, como habitaciones, autos, bares o restaurantes en los que se permite fumar, sin embargo, también ocurre en espacios públicos al aire libre, donde personas cercanas a un fumador inhalan el humo disperso en el ambiente.

La exposición al humo de segunda mano, aumenta el riesgo de enfermedades respiratorias como asma, bronquitis y neumonía en los fumadores pasivos, especialmente en niños y personas con problemas respiratorios.

Además, los fumadores pasivos pueden tener efectos negativos en el sistema cardiovascular, pueden experimentar un aumento en la presión arterial y tener mayor riesgo de enfermedades cardiovasculares, ataques cardíacos y accidentes cerebrovasculares.

La exposición al humo también causa irritación en ojos, nariz y garganta, así como dolor de cabeza y mareos. También se le ha relacionado con un mayor riesgo de cáncer de pulmón en personas no fumadoras.

Si bien el tabaquismo pasivo representa un riesgo para la salud, también es una motivación adicional para aquellos que desean dejar de fumar.

Capítulo 3

El cigarrillo

Desde su invención hasta la actualidad, el cigarrillo ha cautivado a millones de personas en todo el mundo, para muchos fumadores es el amigo inseparable que desempeña un papel importante en su vida.

Fumar un cigarrillo va más allá de una acción, para muchos es un ritual de relajación, concentración, o una forma de manejar el estrés, pero realmente es una falsa sensación de calma y satisfacción.

Además, detrás de este aparente placer hay innumerables componentes químicos que definen al cigarrillo como un enemigo silencioso. Cada cigarrillo tiene nicotina, una sustancia altamente adictiva que estimula el sistema nervioso central y crea una dependencia difícil de superar.

Además de la nicotina, el cigarrillo contiene componentes tóxicos, como alquitrán, monóxido de carbono, cianuro de hidrógeno y otras sustancias cancerígenas que, al ser inhalados repetidamente, dañan gravemente el sistema respiratorio y aumentar el riesgo de desarrollar enfermedades pulmonares, cardíacas y cáncer.

El cigarrillo también afecta la salud mental y emocional. Para algunos, es una muleta que los ayuda a enfrentar situaciones difíciles, o a lidiar con la ansiedad o la tristeza. Sin embargo, esta supuesta "solución" sólo prolonga el ciclo adictivo y no aborda las causas del malestar emocional.

En las siguientes secciones de este capítulo, conoceremos los componentes del cigarrillo, el porqué de su capacidad adictiva y cómo afecta a nuestro cuerpo y mente.

3.1. Componentes del cigarrillo

Los cigarrillos contienen una mezcla de diversos componentes, los cuales, al ser encendidos, liberan una nube de sustancias tóxicas. Estas toxinas son inhaladas por los fumadores, pero también se dispersan en el ambiente, afectando a quienes se encuentran cerca.

Entender la composición de estos componentes facilita la comprensión del daño que ocasiona el hábito de fumar tanto a los propios fumadores como a quienes los rodean. Algunos componentes tóxicos que contiene el cigarrillo son:

1. Tabaco: contiene nicotina y alquitrán.
2. Nicotina: es la sustancia responsable de la adicción al cigarrillo. Cuando se inhala, llega rápidamente al cerebro, activa el sistema de recompensa y libera dopamina, un neurotransmisor que se asocia con la sensación de placer. Esta sensación de recompensa refuerza el hábito de fumar y crea dependencia.
3. Alquitrán: es un subproducto del tabaco que se forma al quemarse. Contiene más de 7.000 sustancias químicas, muchas de ellas cancerígenas. El alquitrán se adhiere a los pulmones y a las vías respiratorias, provoca daños significativos y aumenta el riesgo de enfermedades pulmonares y cáncer.
4. Monóxido de carbono: es un gas tóxico que se libera cuando se quema el tabaco. Se une a la

hemoglobina de la sangre, reduciendo la capacidad de transportar oxígeno. Como resultado, los órganos y tejidos reciben menos oxígeno, ocasionando problemas cardiovasculares y aumentando el riesgo de ataque cardíaco.

5. Cianuro de hidrógeno: es una sustancia venenosa que afecta la función celular y daña los órganos a nivel molecular.
6. Amoníaco: se utiliza en la fabricación de cigarrillos para aumentar la absorción de nicotina, lo que refuerza aún más la adicción.
7. Metales pesados: el humo del cigarrillo contiene plomo, arsénico y cadmio, todos son tóxicos para el organismo, y causan daños a largo plazo en diversos órganos y sistemas.

Cuando se enciende un cigarrillo, el tabaco libera una combinación letal de productos químicos, que al fumar se inhalan profundamente en los pulmones, se absorben en el torrente sanguíneo y propagan sus efectos nocivos por todo el cuerpo.

No existe un nivel seguro de consumo de cigarrillos. Incluso fumar de forma ocasional o en cantidades reducidas puede tener consecuencias graves para la salud.

3.2. ¿Por qué causa adicción?

La adicción al cigarrillo es una realidad para millones de personas en todo el mundo, pero ¿por qué el cigarrillo puede tener un control tan poderoso sobre nuestras vidas? La respuesta se encuentra en una compleja interacción de factores que hacen del cigarrillo una adicción difícil de superar.

La nicotina y el sistema de recompensa del cerebro

El principal culpable detrás de la adicción al cigarrillo es la nicotina. Cuando se inhala, desencadena una serie de eventos que activan el sistema de recompensa.

Este sistema libera dopamina y esta produce una sensación de placer y bienestar, así, la sensación de recompensa que experimentamos al fumar refuerza este comportamiento y crea una poderosa asociación entre fumar y sentirse bien.

La rápida acción de la nicotina

La nicotina llega al cerebro pocos segundos después de inhalar el humo del cigarrillo. La rapidez con la que actúa en el cerebro crea una conexión casi instantánea entre fumar y sentirse satisfecho.

Esta rapidez hace que fumar cigarrillos sea mucho más adictivo que otras formas de consumir nicotina, como los parches o chicles.

Alivio del estrés y la ansiedad

Para muchos fumadores, consumir cigarrillos los ayuda a manejar el estrés y la ansiedad. La nicotina que contienen actúa como un agente calmante y reduce temporalmente la tensión.

Esta asociación entre fumar y aliviar el estrés arraiga la adicción, ya que se convierte en una estrategia para afrontar para enfrentar situaciones difíciles.

Condicionamiento y hábitos

El hábito de fumar se convierte en una rutina diaria. Las personas pueden asociar ciertos momentos del día, lugares o situaciones con fumar, lo que refuerza su adicción a nivel psicológico.

Este condicionamiento hace que el deseo de fumar surja automáticamente en respuesta a ciertos estímulos, incluso cuando la persona no siente un deseo físico de nicotina.

Influencia social y presión de grupo

El entorno social también desempeña un papel importante en la adicción al cigarrillo. La influencia de amigos, familiares o colegas fumadores puede ejercer una presión para que otros también lo hagan.

Además, el acto de fumar puede estar vinculado a actividades sociales y de sociabilidad, lo que refuerza aún más el hábito.

3.3. Cómo afecta a nuestro cuerpo y mente

El cigarrillo no solo tiene un impacto negativo en nuestra salud a largo plazo, sino que también afecta, a corto plazo, tanto a nuestro cuerpo como a nuestra mente.

Cuando encendemos un cigarrillo, e inhalamos su humo, una serie de cambios comienza a ocurrir dentro de nuestro organismo, y aunque muchos de estos efectos no son perceptibles de inmediato, con el tiempo pueden ocasionar graves consecuencias para nuestra salud.

Efectos en el sistema respiratorio

Al inhalar el humo del cigarrillo, las sustancias tóxicas que contiene llegan a nuestros pulmones y pueden causar daño a los tejidos pulmonares, disminuyen nuestra capacidad respiratoria y aumentan el riesgo de enfermedades pulmonares crónicas como la bronquitis y el enfisema.

Riesgo cardiovascular

El monóxido de carbono presente en el humo del cigarrillo, reduce la cantidad de oxígeno que transporta la sangre, lo que aumenta la presión arterial y la carga sobre el corazón. Además, las sustancias químicas del tabaco pueden dañar el revestimiento de las arterias, facilitando la formación de placas de grasa que las obstruyen y causar ataques cardíacos y accidentes cerebrovasculares.

Impacto en la piel y el envejecimiento prematuro

Fumar reduce el flujo sanguíneo hacia la piel, disminuye la producción de colágeno, lo que contribuye al deterioro de su elasticidad y firmeza, acelerando el envejecimiento de la piel, causando arrugas prematuras, manchas y luciendo una apariencia opaca y apagada.

Efectos sobre el sistema nervioso y la función cerebral

La nicotina es un estimulante del sistema nervioso central, lo que puede tener efectos temporales de alerta y concentración. Con el tiempo, se puede desarrollar una tolerancia a la nicotina, lo que lleva a consumir más cigarrillos para obtener el mismo efecto. Además, fumar puede interferir con la memoria y la función cognitiva.

Consecuencias para la salud mental

El consumo de tabaco está asociado con los problemas de salud mental, como la ansiedad y la depresión. Aunque fumar proporciona un alivio momentáneo del estrés, a largo plazo, empeora los síntomas y dificulta el manejo efectivo de las emociones.

Con cada inhalación, exponemos a nuestro organismo a sustancias tóxicas que pueden tener graves consecuencias para nuestra salud.

Capítulo 4

Los beneficios de dejar de fumar

Los beneficios de abandonar el hábito del cigarrillo van más allá de mejorar nuestra salud física y bienestar, también tienen efectos positivos en nuestra calidad de vida, nuestras relaciones sociales y nuestra economía.

1. Significativa mejora en la salud física.
2. Recuperación de los sentidos.
3. Más energía y vitalidad.
4. Economía personal.
5. Relaciones sociales más saludables.
6. Autoestima y confianza.

4.1. Beneficios para la salud

Dejar de fumar es una de las mejores cosas que podemos hacer por nuestra salud. Nuestro cuerpo comienza a cambiar positivamente, casi de inmediato, después de apagar el último cigarrillo:

- Los pulmones empiezan a limpiarse, mejora la capacidad respiratoria y disminuye el riesgo de enfermedades cardiovasculares.
- Con el tiempo, se reduce significativamente la probabilidad de desarrollar enfermedades respiratorias crónicas, como la bronquitis y el enfisema, y el riesgo de cáncer disminuyendo.
- El tabaco disminuye nuestra capacidad para percibir sabores y olores. Sin embargo, cuando dejamos de fumar, nuestros sentidos se revitalizan, permitiéndonos disfrutar más de los alimentos y del mundo que nos rodea.
- Al liberarnos de la nicotina y otras sustancias tóxicas del cigarrillo, aumentamos nuestra energía, vitalidad, resistencia física y una sensación general de bienestar.
- Nuestro corazón comienza a recuperar su función óptima.

- Se reduce significativamente la posibilidad de sufrir problemas cardíacos.
- Mejoramos la circulación sanguínea y tendremos un suministro de sangre más efectivo hacia todos los órganos y tejidos
- Tendremos mayor energía, resistencia física y sensación general de bienestar.
- Nuestro sistema inmune se fortalece gradualmente, por lo que nos defenderemos mejor contra virus y bacterias.
- Nuestra piel recupera su brillo natural, su elasticidad, y nos otorga una apariencia más juvenil y saludable.
- Mejorar la calidad de nuestro sueño, vamos a tener un sueño más reparador y profundo, lo que a su vez beneficia nuestra salud mental y emocional.

Dejar de fumar es un acto de amor propio, es un enorme regalo que podemos hacernos a nosotros mismos y a quienes nos rodean.

Al liberarnos del tabaco, abrimos las puertas a una vida llena de vitalidad, salud y bienestar.

4.2. Beneficios económicos

Aunque no lo reconozcamos, fumar es una carga financiera considerable. Algunos de los beneficios económicos que podemos experimentar al dejar de fumar:

1. Ahorro al no comprar cigarrillos: el gasto diario en cigarrillos, rápidamente se puede acumular y tener un impacto significativo en nuestro presupuesto mensual. Al dejar de fumar, nos liberamos de este constante gasto de dinero, y podemos destinar esos fondos a otras necesidades o deseos.

2. Reducción de gastos médicos: el tabaquismo está relacionado con numerosas enfermedades y problemas de salud que pueden requerir tratamiento médico. Al dejar de fumar, reducimos la probabilidad de desarrollar estas enfermedades, las visitas al médico, los medicamentos y en general menos gastos médicos.

3. Menos días de trabajo perdidos: al dejar de fumar, vamos a mejorar nuestra salud y a reducir

la probabilidad de ausentarnos del trabajo, esto nos permite ser más productivos y tener mayor rendimiento en nuestra vida laboral.

4. Seguro de vida y de salud más asequibles: el tabaquismo es un factor de riesgo para las aseguradoras, por lo que aumentan las primas de los seguros de vida y de salud para los fumadores. Al dejar de fumar, calificamos a primas más bajas, con la tranquilidad de tener una protección más asequible para nosotros y nuestros seres queridos.

5. Mayor capacidad de inversión: al liberarnos del gasto en cigarrillos, podemos destinar esos objetivos financieros a largo plazo, como el inicio de un negocio, o la planificación de nuestros fondos de jubilación.

6. Mejora nuestra situación económica en general: dejar de fumar nos brinda una oportunidad para tomar el control de nuestra situación financiera y construir un futuro más próspero.

Dejar de fumar representa un considerable ahorro de dinero, libera recursos financieros que podemos destinar a otros aspectos importantes de nuestra vida.

4.3. Beneficios sociales

Cuando exploramos los beneficios de dejar de fumar, no podemos pasar por alto los aspectos sociales que se ven afectados positivamente por esta decisión valiente y transformadora.

El tabaquismo no sólo daña nuestra salud física, sino que también puede crear barreras en nuestras relaciones interpersonales y limitar nuestras conexiones sociales.

Al liberarnos del humo del cigarrillo, abrimos un abanico de oportunidades para mejorar nuestras relaciones y disfrutar de una vida social más plena y enriquecedora.

Relaciones más cercanas

El acto de fumar puede crear distancia entre nosotros y nuestros seres queridos. El humo del cigarrillo puede ser desagradable para quienes nos rodean, lo que puede llevar a que nos eviten en ciertas situaciones.

Al dejar de fumar, eliminamos el obstáculo del humo y podemos disfrutar de interacciones más cercanas y genuinas con amigos, familiares y colegas.

Las conversaciones ya no se verán interrumpidas por la necesidad de salir a fumar, lo que nos permitirá estar presente y conectado en el momento.

Nuevas conexiones

Dejar de fumar puede brindarnos la oportunidad de conocer a otras personas que también están en el proceso de dejar el tabaco. Compartir experiencias y apoyarnos en este desafío puede llevar a la formación de nuevas conexiones sociales significativas.

Podemos unirnos a grupos de apoyo para dejar de fumar, donde encontraremos personas que comprendan nuestras luchas y triunfos. Estas nuevas relaciones pueden brindarnos un valioso apoyo emocional y motivación para mantenernos en el camino hacia una vida libre de humo.

Aumento de la confianza

Superar el desafío del tabaquismo nos brinda una sensación de logro y empoderamiento que se refleja en todas las áreas de nuestra vida, incluidas nuestras relaciones sociales.

Nos sentimos más seguros de nosotros mismos al interactuar con otras personas, sin preocuparnos por el aliento a tabaco o el olor en nuestra ropa.

Esta confianza renovada nos permite expresarnos plenamente y establecer conexiones más auténticas con quienes nos rodean.

Ambientes más saludables

Al liberarnos del humo del cigarrillo, no solo mejoramos nuestra propia salud, sino que también contribuimos a crear ambientes sociales más saludables para quienes nos rodean.

Nuestra decisión de dejar de fumar puede inspirar a amigos y familiares a reflexionar sobre su propio consumo de tabaco y considerar dejar el hábito.

Al reducir la exposición al humo de segunda mano, estamos protegiendo la salud de quienes nos importan y promoviendo una cultura más saludable en nuestra comunidad.

Inspirar a otros

Nuestra decisión de dejar de fumar puede tener un impacto positivo más allá de nuestro círculo cercano.

Al convertirnos en un ejemplo de determinación y superación, podemos inspirar a otros fumadores a considerar dejar el hábito y mejorar su calidad de vida.

Nuestra historia de éxito puede motivar a otros a tomar el primer paso hacia una vida sin humo y convertirse en protagonistas de su propia transformación.

Participación sin restricciones

Al dejar de fumar, ampliamos nuestras opciones de entretenimiento y actividades sociales al no tener que buscar áreas para fumar o preocuparnos por las restricciones relacionadas con el tabaquismo.

Podemos disfrutar de eventos, salidas y reuniones sin tener que preocuparnos por fumar en lugares designados o sentirnos excluidos debido a nuestra adicción. Esta libertad nos permite participar plenamente en todas las facetas de la vida social, sin que el tabaquismo limite nuestras experiencias.

Estos son solo algunos de los beneficios sociales que podemos experimentar al liberarnos del tabaco. Al mejorar nuestras relaciones, nuestra confianza y nuestra participación en actividades sociales, abrimos nuevas posibilidades para una vida plena y libre de humo.

Continuemos este camino de transformación y crecimiento, en el que nos convertimos en los arquitectos de una vida más saludable y conectados con quienes nos rodean.

Capítulo 5

Preparándote para dejar de fumar

Antes de dejar de fumar, es esencial prepararnos adecuadamente para afrontar este desafío con determinación. Estas son algunas estrategias y consejos para ayudar a prepararte en seguir el camino hacia una vida sin tabaco:

Reconoce tus motivaciones: el primer paso para prepararnos para dejar de fumar es identificar y comprender nuestras motivaciones. Pregúntate a ti mismo: ¿Por qué quiero dejar de fumar? ¿Qué beneficios espero obtener al adoptar un estilo de vida libre de humo?.

El reconocer tus razones te brindará la fuerza necesaria para superar con determinación los desafíos que surjan en el proceso.

Establece una fecha para dejar de fumar: fijar una fecha concreta es un paso valioso y tangible para iniciar este cambio en tu vida. Elige una fecha que te dé el tiempo suficiente para prepararte mental y emocionalmente. Te recomiendo escoger una fecha que sea significativa para ti, ya que así le darás un mayor sentido a esta nueva etapa.

Elimina objetos relacionados con el hábito de fumar: Antes de la fecha que selecciones para dejar el tabaco, desecha todos los cigarrillos, encendedores y ceniceros que tengas en tu entorno. Al eliminar estos objetos de tu ambiente, crearás un ambiente propicio para tu cambio y además vas a disminuir la presencia de los estímulos que te pueden incitar a retomar el tabaco.

Busca apoyo: el hecho de contar con el respaldo y la comprensión de tus familiares y amigos, puede hacer una gran diferencia en tu proceso para dejar de fumar. Habla con ellos sobre tu decisión, busca su apoyo y aliento durante todo el proceso. También es aconsejable que consideres unirte a grupos de apoyo para dejar de fumar, allí encontrarás personas que comparten tus metas y te brindarán valiosos consejos.

Identifica y evita desencadenantes: reconoce las situaciones, emociones y hábitos que suelen llevarte a fumar, luego busca alternativas para enfrentarlos, así podrás evitar recaídas al recurrir al tabaco. Llevar un registro de tus hábitos de fumar te puede facilitar el proceso de identificar los patrones y momentos críticos que tendrás que enfrentar, y estarás preparado con mejores estrategias.

Prepararte adecuadamente para dejar de fumar es un paso fundamental para alcanzar el éxito en esta travesía. No subestimes la importancia de la planificación y el enfoque en este proceso. A medida que te preparas para dejar el tabaco, es natural sentir emociones encontradas y posiblemente cierta aprensión, pero recuerda que cada paso que das te acerca a una vida más saludable y plena.

La decisión de dejar de fumar no solo tiene un impacto positivo en tu salud física, sino también en tu bienestar emocional y mental. Al liberarte del tabaco, tendrás más energía, mejor calidad del sueño, capacidad pulmonar y condición física.

La preparación adecuada te ayudará a enfrentar los momentos de antojo, el camino para dejar de fumar puede ser diferente para cada persona, pero con el apoyo adecuado y una mentalidad preparada, vas a lograr tu objetivo.

Toma el tiempo necesario para reflexionar sobre tus motivaciones y objetivos al dejar de fumar. Mantén tu mente abierta a nuevas experiencias y cambios positivos que surgirán en este proceso.

Prepárate para vivir sin tabaco y descubre cómo cada pequeño paso que des te llevará más cerca de una versión más saludable, feliz y libre de humo de ti mismo.

5.1. Establecer una fecha para dejar de fumar

Elegir el momento adecuado para dar este paso tan importante, puede marcar la diferencia entre el éxito o el fracaso en nuestra meta de dejar de fumar.

Al tomar esta decisión, es importante considerar tus motivaciones y razones personales para dejar el cigarrillo. Reflexiona sobre los beneficios que vas a disfrutar cuando dejes este hábito, como mejorar tu salud pulmonar, reducir los riesgos de enfermedades cardiovasculares y respiratorias, o el aumento de tu energía y vitalidad.

Una vez que te sientas preparado para dejar de fumar, elige una fecha que sea significativa para ti, ya sea un día especial como tu cumpleaños o un aniversario, o simplemente un el día en el que te sientas preparado y sea el adecuado para comenzar esta nueva etapa libre de humo.

Es preciso que la fecha que elijas sea realista, que te dé suficiente tiempo para prepararte mental y emocionalmente para el desafío que vas a enfrentar. Un plazo de una a dos semanas suele ser apropiado para la mayoría de las personas, pero cada uno de nosotros lo puede ajustar según sus necesidades y circunstancias personales.

Una vez que hayas establecido la fecha, comparte tu decisión con tus familiares y amigos cercanos. Contar con su apoyo y comprensión será invaluable durante todo el proceso, ellos te ayudarán a mantener el compromiso y la responsabilidad.

A medida que se acerque la fecha elegida, aprovecha el tiempo para prepararte adecuadamente.

Identifica y elimina todos los objetos relacionados con el tabaco de tu entorno, como cigarrillos, encendedores y ceniceros. Esto te ayudará a evitar las tentaciones y a crear un ambiente propicio para dejar de fumar.

Asimismo, considera la posibilidad de buscar apoyo profesional o unirte a un grupo de apoyo para dejar de fumar. Compartir experiencias y consejos con otras personas que están pasando por el mismo proceso puede ser de gran ayuda para mantener la motivación y superar los desafíos.

Finalmente, dejar de fumar puede ser un proceso gradual y que está bien si experimentas algunas recaídas en el camino. Lo importante es no rendirte y continuar esforzándote hacia tu objetivo de una vida libre de tabaco.

Establecer una fecha para dejar de fumar es un paso valiente y transformador hacia una vida más saludable y plena. Con determinación y preparación, estarás listo para enfrentar este desafío y alcanzar el éxito en tu camino hacia una vida sin humo.

5.2. Buscar apoyo

Buscar apoyo es un paso clave si deseas dejar de fumar con éxito y sin sufrimiento. Este es un camino con muchos desafíos, pero contar con el respaldo adecuado puede hacer una gran diferencia en todo el proceso.

Encontrar personas que comprendan y apoyen tus esfuerzos para dejar el cigarrillo te dará aliento, ánimo y motivación en los momentos de dificultad, por otra parte, la conexión con otros fumadores, quienes también están intentando liberarse de este hábito, puede ser de gran ayuda y beneficio.

Es por esto que un excelente lugar para buscar respaldo es en grupos de apoyo para dejar de fumar. Estos grupos reúnen a personas que están pasando por experiencias similares y garantizan un espacio seguro para compartir sentimientos, inquietudes, recaídas y éxitos. La camaradería y el intercambio de consejos pueden ser alentadores en este proceso.

Además de los grupos de apoyo presenciales, también hay comunidades de apoyo en línea. En internet, existen foros y redes sociales dedicadas a dejar de fumar, donde te puedes conectar con personas de todo el mundo y recibir el apoyo de una comunidad diversa y comprensiva.

El apoyo profesional también es importante en este camino. Buscar la guía de un médico o de un profesional de la salud especializado en dejar de fumar te puede dar estrategias personalizadas y eficaces para afrontar los desafíos de la abstinencia y evitar recaídas.

No subestimes el apoyo de tus seres queridos. Comunica tu decisión de dejar de fumar a familiares y amigos cercanos, esto puede fortalecer tus esfuerzos, ellos pueden convertirse en tus aliados más cercanos, brindándote el aliento que necesitas y celebrando tus logros mientras avanzas en hacia tu meta.

Es esencial rodearte de personas que te alienten a seguir adelante, y que no te juzguen si tienes alguna recaída. El proceso de dejar de fumar es desafiante, pero con el apoyo adecuado, es posible superar las dificultades y alcanzar el objetivo de lograr una vida sin tabaco.

5.3. Identificar y evitar desencadenantes

Identificar y evitar desencadenantes es crucial para dejar de fumar. Los desencadenantes son situaciones, emociones o lugares que pueden provocar el deseo de fumar, reconocerlos y aprender a manejarlos de manera efectiva es fundamental para mantener firme la decisión de dejar el cigarrillo.

Uno de los primeros pasos para identificar los desencadenantes es llevar a cabo un registro detallado de tus hábitos al fumar, en cada ocasión anota cuándo, dónde y por qué lo haces. Esto te va a ayudar a identificar patrones y situaciones específicas relacionadas con tu consumo de tabaco.

Algunos ejemplos comunes de desencadenantes son el estrés, la ansiedad, el aburrimiento, las fiestas o situaciones sociales, y el consumo de alcohol.

Una vez que hayas identificado tus desencadenantes, desarrolla estrategias para evitarlos o manejarlos de manera saludable.

Aquí hay algunas técnicas efectivas para enfrentar estos desafíos:

1. Cambia tus rutinas: si fumabas después de ciertas comidas o durante las pausas en el trabajo, considera reemplazar con otro tipo de actividades o buscar nuevas formas de relajarte. Sal a caminar, medita, lee un libro o practica alguna actividad física que te ayude a despejar la mente y reducir el estrés.
2. Busca apoyo: habla con amigos, familiares o grupos de apoyo sobre tus problemas para dejar de fumar. Compartir tus preocupaciones y logros con personas que te comprendan te dará aliento y fortaleza para enfrentar los desencadenantes.
3. Establece límites: si hay situaciones sociales o personas que te presionan para fumar, establece límites claros y mantén tu decisión de no fumar. si te encuentras un cigarrillo no temas decir "no", recuerda que estás priorizando tu salud y bienestar.
4. Encuentra alternativas: busca opciones saludables para canalizar tus emociones y energía. Puedes probar con técnicas de relajación, ejercicios de respiración, escribir en

un diario o participar en pasatiempos que te apasionen.

5. Mantén la mente ocupada: en momentos de tentación, ocupa tu mente en actividades que requieran concentración, como resolver rompecabezas, juegos mentales o aprender algo nuevo. Esto te ayudará a desviar el pensamiento del tabaco y evitar recaídas.

6. Evita situaciones de alto riesgo: si sabes que ciertos lugares o eventos pueden desencadenar el deseo de fumar, trata de evitarlos o prepárate con anticipación para enfrentarlos de manera positiva.

No te desanimes si enfrentas desafíos, identificar y evitar desencadenantes requiere tiempo, paciencia y autodisciplina, pero cada vez que logras superar un desencadenante sin fumar, estás dando un paso hacia una vida más saludable.

Capítulo 6

Nutrición para dejar de fumar

La nutrición juega un papel fundamental en el proceso de dejar de fumar. Durante esta etapa de transición, tu cuerpo va a experimentar cambios. Al adoptar una dieta equilibrada y saludable, puedes ayudar a reducir los efectos de la abstinencia y fortalecer tu bienestar general.

Es importante destacar que dejar de fumar puede afectar temporalmente tus hábitos alimenticios y el metabolismo de tu cuerpo. Algunas personas pueden experimentar un aumento del apetito, mientras que otras pueden perder el interés en la comida.

Estos cambios son normales, y es esencial consumir alimentos que brinden los nutrientes necesarios para respaldar tu proceso de dejar el tabaco.

Aquí hay algunas recomendaciones sobre nutrición para dejar de fumar:

- Hidratación: beber suficiente agua es esencial en cualquier proceso de desintoxicación. El agua ayuda a eliminar las toxinas del cuerpo y puede aliviar algunos síntomas de abstinencia. Además, estar hidratado puede reducir el deseo de fumar.
- Consumo de frutas y verduras: incorpora una amplia variedad de frutas y verduras en tu dieta diaria. Estos alimentos son ricos en antioxidantes y vitaminas, lo que puede ayudar a fortalecer tu sistema inmunológico y mejorar tu bienestar general.
- Snacks saludables: si experimentas antojos, opta por snacks saludables como frutos secos, palitos de zanahoria o yogurt bajo en grasa. Evita las opciones poco saludables como alimentos procesados o altos en azúcar.
- Alimentos ricos en vitamina C: la vitamina C es un antioxidante que puede ayudar a reducir la ansiedad y los niveles de estrés. Busca incorporar cítricos, kiwis, fresas, pimientos y brócoli a tu dieta.

- Alimentos ricos en vitamina E: la vitamina E puede ayudar a proteger las células de los efectos nocivos de los radicales libres. Encuentra esta vitamina en alimentos como almendras, semillas de girasol, espinacas y aguacates.
- Limita el consumo de cafeína y alcohol: estas sustancias pueden afectar tus niveles de energía y estado de ánimo. Limita su consumo y busca alternativas como infusiones de hierbas o agua con gas.

La nutrición para dejar de fumar debe adaptarse a tus necesidades y preferencias individuales. Si tienes alguna condición de salud específica o estás tomando medicamentos, consulta con un profesional de la salud o un nutricionista para obtener una orientación personalizada.

Una dieta equilibrada y saludable es un pilar fundamental en el proceso de dejar de fumar. Al centrarte en alimentos nutritivos y ricos en vitaminas, puedes respaldar tu bienestar físico y emocional durante esta etapa de cambio.

6.1. Alimentos que ayudan a dejar de fumar

Si tomas la decisión de dejar de fumar, puede que sea muy valioso para ese proceso que adoptes una alimentación adecuada, comento esto ya que hay algunos alimentos que con sus propiedades, pueden ayudar a reducir los efectos de la abstinencia del tabaco, los antojos y apoyar tu bienestar general.

A continuación, te presento algunos de los alimentos que se ha demostrado, ayudan a quienes están dejando el cigarrillo:

- Frutas cítricas: los cítricos, tales como naranjas, mandarinas y limones, son ricos en vitamina C. Esta vitamina es conocida por sus propiedades antioxidantes y puede ayudar a reducir los niveles de estrés y ansiedad que a menudo acompañan el proceso de dejar de fumar.
- Zanahorias: las zanahorias son una excelente opción para satisfacer la necesidad de tener algo en las manos y en la boca que a menudo surge cuando se deja de fumar. Además, son bajas en

calorías y ricas en fibra, lo que las convierte en un snack saludable para mantener la saciedad.

- Frutas y bayas: las frutas y bayas frescas, como las manzanas, las fresas y los arándanos, son opciones saludables para satisfacer los antojos por el dulce que pueden surgir durante el proceso de abstinencia del cigarrillo.
- Frutos secos: los frutos secos, como almendras, nueces y pistachos, son una excelente fuente de proteínas y grasas saludables. Puede ser una opción de snack saciante y nutritiva para reducir el apetito.
- Té verde: el té verde es conocido por sus propiedades antioxidantes, puede ayudar a calmar los nervios y a reducir los niveles de ansiedad.
- Agua: mantenernos hidratados es crucial al dejar de fumar. Beber suficiente agua ayuda a eliminar las toxinas del cuerpo y a mantener la sensación de saciedad.
- Espárragos: los espárragos son ricos en ácido fólico, el cual se ha relacionado con una menor

probabilidad de recaídas en personas que dejan de fumar.

- Avena: la avena es una excelente fuente de fibra, ayuda a regular los niveles de azúcar en la sangre, lo que a su vez, puede ser útil para controlar los antojos de alimentos azucarados.
- Brócoli: el brócoli es rico en antioxidantes y ayuda a desintoxicar el cuerpo de los efectos del tabaco.
- Plátanos: los plátanos son una fuente natural de azúcar y pueden ayudar a reducir el antojo por los dulces.

Es importante mantener una dieta equilibrada y variada, que incluya una amplia gama de alimentos nutritivos para respaldar tu bienestar general, al incluir estos alimentos en tu dieta mientras dejas de fumar, aprovechas sus beneficios para reducir los antojos y apoyar tu salud física y emocional durante esta etapa.

Cada pequeño paso que des hacia una vida libre de tabaco es un logro significativo, y una alimentación adecuada será invaluable.

6.2. Alimentos y bebidas que deben evitarse

Como vimos anteriormente, durante el proceso de dejar el cigarrillo, es importante prestar atención a la elección de los alimentos y bebidas que consumimos, ya que algunos de ellos tienen grandes beneficios en esta temporada, pero también hay otros que pueden tener un impacto negativo en nuestro cuerpo y nos dificultan alcanzar nuestra meta. Aquí hay una lista de alimentos y bebidas que se deben evitar:

- Bebidas alcohólicas: el consumo de alcohol puede estar asociado con un mayor riesgo de recaídas en personas que están dejando de fumar. Además, desinhibe y reduce la fuerza de voluntad, lo que nos puede hacer caer en la tentación de fumar.
- Bebidas azucaradas: las bebidas azucaradas, como refrescos o jugos comerciales, pueden aumentar los antojos de alimentos dulces y contribuir al aumento de peso.
- Café en exceso: el café puede aumentar los niveles de ansiedad y nerviosismo en algunas

personas, lo que dificulta el proceso de dejar el tabaco. Además, el café aumenta la frecuencia cardíaca y la presión arterial, algo problemático para quienes ya tienen comprometida su salud cardiovascular.

- Comida rápida y frituras: la comida rápida y los alimentos fritos tienen alto contenido de grasas saturadas y calorías vacías, con esto no solo contribuyen a nuestro aumento de peso, sino que también pueden afectar negativamente nuestra salud general y capacidad pulmonar.

- Carnes procesadas: las carnes procesadas, como el tocino, las salchichas y las carnes frías, contienen altos niveles de sodio y aditivos perjudiciales para la salud. Además, el consumo de carnes procesadas puede aumentar el riesgo de enfermedades respiratorias.

- Alimentos altos en sal: el exceso de sal en la dieta contribuye a la retención de líquidos y eleva la presión arterial, lo que no es favorable para quienes ya tienen una salud cardiovascular comprometida.

- Snacks y comida chatarra: los snacks y la comida chatarra, como papas fritas, galletas y dulces, son ricos en grasas saturadas y azúcares añadidos. Estos alimentos pueden aumentar los antojos de tabaco y afectar negativamente nuestro esfuerzo por dejar de fumar.
- Carnes rojas procesadas: algunos estudios sugieren que el consumo excesivo de carnes rojas procesadas puede aumentar el riesgo de cáncer de pulmón por lo que es recomendable limitar su consumo y optar por otras alternativas más saludables, como pescado, aves y legumbres.

Al evitar el consumo de ciertos alimentos y bebidas durante el proceso de dejar de fumar, podemos mejorar nuestras posibilidades de éxito y promover una transición más suave hacia una vida libre de tabaco.

Cada persona es única, lo que funciona para uno no puede que no funcione para otro. Por lo tanto, debemos escuchar a nuestro cuerpo y buscar el apoyo necesario para mantenernos firmes en nuestro camino hacia una vida más saludable y libre de tabaco.

6.3. Sobrepeso y dejar de fumar

Dejar de fumar puede incidir en el peso de algunas personas. Hay quienes aumentan de peso después de abandonar el tabaco, es por esto que en este tema, vamos a conocer algunas de las razones que hay detrás de este fenómeno y cómo lo podemos manejar de manera saludable en el caso de que nos veamos afectados por este efecto.

No todas las personas que dejan de fumar van a aumentar de peso significativamente. Sin embargo, es común que algunas personas suban un par de kilos en los primeros meses luego de dejar el tabaco.

Las razones principales que causan sobrepeso al dejar el cigarrillo son:

Cambios en el metabolismo

Fumar puede aumentar ligeramente el metabolismo y con esto el cuerpo quema calorías más rápido. Por lo contrario, cuando una persona deja de fumar, su metabolismo puede disminuir y esto puede llevar a un aumento de peso, en el caso de que no se haya ajustado la ingesta calórica.

Cambios en los hábitos alimenticios

Al dejar de fumar, algunas personas pueden cambiar sus hábitos alimenticios. Por ejemplo, para buscar alimentos que compensen la sensación que tenían con el tabaco, hay quienes incluso pueden cambiar sus preferencias gustativas.

Satisfacción de los antojos

Fumar puede reducir el apetito en algunos, pero al dejar de fumar, pueden sentir antojos por algunos alimentos, especialmente por aquellos ricos en azúcares y grasas, los cuales contribuyen al aumento de peso.

Estrés y ansiedad

Dejar de fumar puede ser estresante para algunos, en estos casos es posible que el estrés y la ansiedad pueden favorecer la liberación de hormonas que estimulan el apetito y ocasionar el aumento en el consumo de calorías

Es fundamental abordar el sobrepeso que ocurre luego de dejar el cigarrillo de manera saludable. Estas son algunas estrategias que te pueden ayudar:

- Elegir una alimentación equilibrada: opta por una dieta rica en frutas, verduras y proteínas magras, estos alimentos te pueden ayudar a controlar tu peso y a proporcionar los nutrientes necesarios para mantenerse saludable.
- Mantenerse activo: incorporar actividad física regular en la rutina diaria ayuda a mantener el peso bajo control y reduce el estrés asociado con dejar de fumar.
- Evitar alimentos altos en calorías y grasas: al reducir el consumo de alimentos procesados, ricos en azúcares añadidos y grasas saturadas, podemos controlar nuestro peso de forma eficiente.
- Buscar apoyo: comparte tu experiencia y preocupaciones con amigos, familiares o grupos

de apoyo, esto será útil para recibir consejos y mantenerte motivado durante el proceso.

- Se amable contigo mismo: el aumento de peso es un efecto secundario es un efecto común y temporal al dejar de fumar. Ten paciencia, esto te ayudará a adaptarte a este cambio en tu vida.

El sobrepeso al dejar de fumar es un fenómeno común, pero manejable. Con buenos hábitos alimenticios, estar activos y buscar apoyo, podemos minimizar el aumento de peso y mantener un estilo de vida equilibrado y saludable después de dejar el tabaco.

Capítulo 7

Terapias y tratamientos

Existen varios tratamientos y enfoques que pueden ser de gran ayuda para quienes quieren mejorar su calidad de vida dejando el tabaco. En este capítulo presento diferentes métodos y estrategias para dejar de fumar.

Hay varios tipos de terapia para dejar de fumar, a continuación los presento en tres categorías:

Terapias farmacológicas

Son medicamentos recetados, algunos son:
a. Bupropión: reduce el deseo de fumar y los síntomas de abstinencia
b. Vareniclina: reduce la satisfacción de fumar y disminuye los síntomas de abstinencia.
c. Terapia de combinación farmacológica: algunos médicos la recomiendan para aumentar las posibilidades de éxito en dejar de fumar.

Antes de iniciar cualquier tratamiento farmacológico para dejar de fumar, es importante consultar con un profesional de la salud, él sabrá determinar cuál es el más adecuado para cada persona.

Terapias conductuales

Abordan patrones asociados con el hábito de fumar y dan estrategias para abandonar el tabaco.

- Terapia Cognitivo-Conductual (TCC): cambia patrones de pensamiento y comportamiento asociados con el tabaquismo, los terapeutas pueden ayudar a identificar los posibles desencadenantes, situaciones de alto riesgo, y desarrollar estrategias para afrontarlos.
- Entrenamiento en manejo del estrés: proporciona técnicas efectivas para manejar el estrés y la ansiedad, ofrece alternativas saludables para lidiar con situaciones estresantes sin la necesidad de fumar.
- Terapia de recompensas y consecuencias: esta terapia se basa en el principio de

recompensar los comportamientos deseados y desalentar los comportamientos no deseados.

- Aplicaciones móviles y programas en línea: existen numerosas aplicaciones móviles diseñadas para apoyar a las personas a dejar de fumar. Estas herramientas ofrecen seguimiento del progreso, consejos diarios, recordatorios y comunidad en línea, lo que puede ser de gran motivación y apoyo.

- Hipnoterapia: la hipnoterapia es un enfoque que busca cambiar patrones de pensamiento a través de la hipnosis. Algunas personas encuentran beneficios en esta técnica para dejar de fumar al fortalecer su determinación y superar la adicción.

- Acupuntura: la acupuntura es una práctica de la medicina tradicional china que implica la inserción de agujas finas en puntos específicos del cuerpo. Algunas personas recurren a la acupuntura para reducir los antojos y la ansiedad asociada con dejar de fumar.

- Terapia de Reemplazo de Nicotina (TRN): esta terapia no implica la conversación tradicional con un terapeuta, pero es una de las opciones más comunes y efectivas para dejar de fumar. La TRN proporciona al cuerpo una dosis controlada de nicotina a través de parches, chicles, inhaladores, aerosoles nasales o tabletas. Estos productos ayudan a reducir los síntomas de abstinencia al tiempo que evitan la exposición a otras sustancias tóxicas presentes en el humo del tabaco.

Terapias de apoyo social

Los grupos de apoyo ofrecen un espacio seguro para compartir experiencias, preocupaciones y consejos sobre cómo dejar de fumar, así como apoyo y aliento de personas que están pasando por la misma experiencia.

Algunas personas obtienen buenos resultados al combinar tratamientos, mientras otras pueden tener éxito con un enfoque específico. La clave es estar abierto para probar diferentes opciones y encontrar la que mejor se adapte a sus necesidades y preferencias.

7.1. Tratamientos farmacológicos

Los tratamientos farmacológicos son una herramienta efectiva, científicamente respaldada para ayudar a las personas a dejar de fumar. Son medicamentos diseñados para reducir los síntomas de abstinencia, disminuir los antojos de nicotina y aumentar las posibilidades de éxito en el proceso de dejar el tabaco. Algunos de los tratamientos farmacológicos más comunes son:

Vareniclina (Chantix)

La vareniclina es otro medicamento recetado diseñado específicamente para ayudar a dejar de fumar.

Actúa en los receptores de nicotina en el cerebro, bloqueando parcialmente la acción de la nicotina y reduciendo los antojos. Al mismo tiempo, estimula la liberación de dopamina, lo que puede ayudar a reducir el placer que se obtiene al fumar.

La vareniclina puede ayudar a aliviar los síntomas de abstinencia y mejorar las tasas de éxito para dejar de fumar.

Terapia de reemplazo de nicotina (TRN)

La TRN se basa en proporcionar al cuerpo una cantidad controlada de nicotina, pero sin la exposición a otras sustancias tóxicas presentes en el humo del tabaco.

Los productos de TRN incluyen parches, chicles, inhaladores, aerosoles nasales o tabletas de nicotina. Estos tratamientos pueden ayudar a reducir los síntomas de abstinencia y los antojos, permitiendo una transición más suave hacia una vida libre de tabaco.

Es importante utilizar estos medicamentos bajo supervisión médica y considerar otras formas de apoyo para aumentar las posibilidades de éxito en el proceso de dejar de fumar.

Además de los tratamientos farmacológicos, es esencial considerar otras formas de apoyo, como la terapia de comportamiento, el apoyo social y la motivación personal.

La combinación de tratamientos farmacológicos con enfoques psicológicos puede aumentar significativamente las posibilidades de éxito en el proceso de dejar de fumar.

7.2. Terapias conductuales

Las terapias conductuales son enfoques psicológicos altamente efectivos, ayudan a las personas a modificar comportamientos y pensamientos no deseados relacionados con el hábito de fumar, veamos a continuación algunas de estas terapias.

La terapia cognitivo-conductual (TCC)

Esta terapia se centra en identificar y cambiar patrones de pensamiento y comportamientos relacionados con el tabaquismo.

Con ella, los terapeutas trabajan con los individuos para reconocer desencadenantes y situaciones de alto riesgo, y desarrollar estrategias para resistir el deseo de fumar y la abstinencia.

El entrenamiento en manejo del estrés

Por su parte, el entrenamiento en manejo del estrés enseña técnicas efectivas, para manejar el estrés y la ansiedad, sin recurrir al tabaco como una forma de afrontamiento.

Con esta terapia, las personas aprenden alternativas saludables, para enfrentar situaciones estresantes sin la necesidad de fumar.

El enfoque de la terapia de recompensas y consecuencias

Esta terapia utiliza incentivos y recompensas para reforzar los comportamientos positivos asociados con dejar de fumar y para desalentar el hábito de fumar.

En este caso, establecer metas alcanzables y recompensas por lograrlas puede ser una fuente de motivación.

Las aplicaciones móviles y programas en línea

En esta era digital, existen muchas aplicaciones móviles y programas en línea diseñados para apoyar a las personas en su proceso para dejar de fumar.

Estas herramientas ofrecen seguimiento del progreso, consejos diarios, recordatorios y comunidad en línea, lo que puede ser de gran motivación y apoyo.

La hipnoterapia

En el caso de la hipnoterapia, esta busca cambiar patrones de pensamiento a través de la hipnosis, algunas personas encuentran beneficios en esta técnica para dejar de fumar al fortalecer su determinación y superar la adicción.

La acupuntura

Con respecto a la acupuntura, esta ancestral práctica de la medicina tradicional china, implica la inserción de finas agujas en puntos específicos del cuerpo. Algunas personas recurren a esta terapia para reducir los antojos y la ansiedad asociada con dejar de fumar.

La terapia de reemplazo de nicotina o TRN

Por último, la terapia de reemplazo de nicotina o TRN, implica el uso de productos que suministran nicotina de forma segura, pero sin los dañinos componentes del humo del tabaco,

Algunos de estos productos son: Parches de nicotina, chicles de nicotina y aerosoles nasales. Estos productos ayudan a reducir la adicción a la nicotina y los síntomas de abstinencia.

Un enfoque personalizado y el apoyo de un profesional de la salud pueden aumentar las posibilidades de éxito en el proceso de dejar de fumar.

7.3. Terapias de apoyo social

Las terapias de apoyo social son enfoques que involucran el acompañamiento y la interacción con otras personas que están pasando por el mismo proceso de dejar de fumar.

Estas terapias se basan en la idea de que el apoyo y la comprensión de otros son fundamentales para mantener la motivación y superar los desafíos asociados con el abandono del tabaco.

Algunas terapias de apoyo social para dejar de fumar incluyen:

Grupos de apoyo

Son sesiones o reuniones en las que las personas que están intentando dejar de fumar se reúnen para compartir experiencias, éxitos, desafíos y consejos. Garantizan un espacio seguro y alentador para expresar sus sentimientos y obtener apoyo de otros que entienden la lucha contra la adicción.

Terapia de grupo

La terapia de grupo es una forma de tratamiento en la que varias personas con el mismo objetivo (dejar de fumar en este caso) se reúnen periódicamente con un terapeuta. Los miembros del grupo pueden compartir sus experiencias, aprender de los demás y brindarse apoyo mutuo.

Programas comunitarios

Algunas comunidades ofrecen programas específicos para dejar de fumar que incluyen actividades grupales, talleres educativos y recursos para el abandono del tabaco. Estos programas fomentan el apoyo y la conexión con otras personas que están trabajando en dejar de fumar.

Líneas telefónicas de ayuda

En algunos países existen líneas telefónicas de ayuda gratuita para dejar de fumar, donde las personas pueden hablar con consejeros capacitados que brindan apoyo, orientación y recursos para superar los desafíos del proceso de dejar de fumar.

Redes sociales y foros en línea

Hay plataformas en línea, así como redes sociales y foros específicos para dejar de fumar, estos permiten a las personas conectarse virtualmente, compartir historias y consejos, y recibir apoyo y aliento en línea.

Participación en eventos o actividades relacionadas con dejar de fumar

Unirse a eventos o actividades específicas relacionadas con dejar de fumar, como carreras benéficas o campañas de concienciación, puede ser una oportunidad para conocer a otras personas con intereses similares y construir una red de apoyo.

La terapia de apoyo social es especialmente beneficiosa porque proporciona un sentido de comunidad y pertenencia, reduce el aislamiento y brinda el apoyo necesario para dejar de fumar.

La posibilidad de compartir experiencias y recibir aliento de otras personas que comprender la lucha puede aumentar la motivación y el compromiso para estabilizar libre de tabaco.

7.4. Remedios caseros y naturales

Muchas personas buscan opciones naturales y remedios caseros que pueden complementar su proceso de abandono del tabaco. Si bien es importante recordar que estos enfoques no reemplazan el tratamiento médico y el apoyo profesional, pueden ser una adición de beneficios para algunos fumadores.

Algunos remedios caseros y naturales que podrían ser útiles en el proceso de dejar de fumar son:

Infusiones de hierbas

Algunas hierbas pueden ayudar a reducir la ansiedad y los antojos asociados con dejar de fumar. La manzanilla y la valeriana son conocidas por sus propiedades relajantes, mientras que la menta y el regaliz pueden ayudar a refrescar el aliento y reducir el deseo de fumar. Las infusiones de estas hierbas pueden ser una alternativa saludable para beber en lugar de fumar un cigarrillo.

Respiración profunda y relajación

Practicar técnicas de respiración profunda y relajación puede ayudar a manejar el estrés y la ansiedad que pueden surgir durante el proceso de dejar de fumar. Estas simples técnicas pueden ayudar a calmar la mente y el cuerpo, necesitando una sensación de calma y bienestar.

Ejercicio regular

El ejercicio puede ser una poderosa herramienta para reducir el estrés y mejorar el estado de ánimo. Al hacer ejercicio de forma regular, se liberan endorfinas, que son hormonas que generan una sensación de bienestar y pueden ayudar a reducir los antojos de nicotina.

Masticar chicle sin azúcar

Masticar chicle sin azúcar puede ayudar a mantener la boca ocupada y reducir la necesidad de fumar.

Mantenerse hidratado

Beber suficiente agua durante el día ayuda a eliminar las toxinas del cuerpo y a reducir la intensidad de los antojos de nicotina.

Evitar el alcohol y el café

El alcohol y el café pueden estar asociados con el hábito de fumar, por lo que evitarlos o reducir su consumo puede ayudar a disminuir los desencadenantes que pueden llevar a querer fumar.

Es importante recordar que estos remedios caseros y naturales pueden ser útiles para algunas personas, pero no garantizan el éxito en el proceso de dejar de fumar.

Capítulo 8

Especialistas para dejar de fumar

En el proceso de dejar de fumar, contar con el apoyo y la orientación adecuada de especialistas puede marcar una gran diferencia en el éxito de este desafío.

Los especialistas para dejar de fumar son profesionales capacitados y experimentados en brindar asesoramiento y tratamiento para ayudar a los fumadores a superar la adicción al tabaco.

En este capítulo, hablaremos de lo importante que es buscar la ayuda de estos especialistas y cómo ellos pueden ser un recurso valioso en el logro de nuestra meta.

Los especialistas para dejar de fumar incluyen a profesionales de la salud y consejeros que están comprometidos a ayudar a los fumadores a abandonar el tabaquismo. Entre ellos se encuentran: médicos, psicólogos, consejeros de salud, terapeutas cognitivo-conductuales y otros expertos en el campo.

Los médicos o profesionales de la salud

Un médico o profesional de la salud es un recurso clave en el proceso de dejar de fumar ya que proporcionan una evaluación completa de la salud del fumador y determinan el mejor enfoque para dejar el hábito.

Pueden recetar medicamentos y terapias farmacológicas efectivas para reducir los síntomas de abstinencia y aumentar las posibilidades de éxito en el abandono del cigarrillo.

Los consejeros y terapeutas

Los consejeros y terapeutas también desempeñan un papel importante en el proceso de dejar de fumar. Están capacitados para brindar apoyo emocional y asesoramiento individualizado para ayudar a las personas a enfrentar los desafíos emocionales y psicológicos relacionados con el tabaquismo.

Pueden trabajar con los fumadores para identificar los desencadenantes del tabaquismo y desarrollar estrategias para enfrentarlos de manera efectiva. Además, brindan apoyo para establecer metas realistas y el desarrollo de un plan de acción para dejar de fumar.

También pueden proporcionar técnicas de manejo del estrés y habilidades para lidiar con situaciones de alto riesgo, lo que puede ser crucial para evitar recaídas.

Algunas personas pueden encontrar la útil asesoría individual con un médico o terapeuta, mientras que otras pueden preferir un enfoque de grupo con un consejero o especialista para dejar de fumar.

Las clínicas y centros de tratamiento

Además de los profesionales de la salud y los consejeros, existen otras opciones de especialistas para dejar de fumar. Algunas clínicas y centros de tratamiento ofrecen programas especializados en el abandono del tabaco, que pueden incluir una combinación de terapias farmacológicas, terapias cognitivo-conductuales y apoyo grupal.

Contar con el apoyo y la orientación de especialistas para dejar de fumar puede ser un factor determinante en el éxito de este proceso.

Los profesionales de la salud, consejeros y terapeutas, así como algunas clínicas y centros de tratamiento están capacitados para brindar asesoramiento individualizado y estrategias efectivas para ayudar a las personas a superar la adicción al tabaco.

8.1. Médicos y profesionales de la salud

En el proceso de dejar de fumar, los médicos y profesionales de la salud desempeñan un papel fundamental.

Su conocimiento y experiencia en el manejo de la adicción al tabaco pueden brindar un apoyo invaluable para quienes desean abandonar este hábito y mejorar su calidad de vida.

Los médicos son profesionales de la salud altamente capacitados que desempeñan un papel central en el proceso de dejar de fumar. Un médico puede proporcionar una evaluación exhaustiva de su salud y determinar el mejor enfoque para ayudarle a dejar el tabaco de manera segura y efectiva.

También pueden identificar cualquier condición médica subyacente que pueda estar relacionada con el consumo de tabaco y ellos abordarla de forma adecuada.

Una de las formas más comunes en que los médicos pueden ayudar a las personas a dejar de fumar es a través de la prescripción de medicamentos y terapias farmacológicas.

Como vimos en el capítulo anterior, existen varios medicamentos aprobados que pueden ayudar a reducir los síntomas de abstinencia y los antojos de nicotina, lo que aumenta las posibilidades de éxito en el proceso de abandono del cigarrillo.

Además, los médicos pueden proporcionar orientación y seguimiento durante todo el proceso de dejar de fumar. Pueden ofrecer apoyo emocional y responder a tus preguntas y preocupaciones, lo que es muy importante para mantenerte motivado y enfocado en tu objetivo.

Los profesionales de la salud también pueden proporcionar información sobre los efectos que tiene el consumo del cigarrillo en la salud y los beneficios que obtenemos al dejar de fumar. Conocer los riesgos asociados con el consumo de tabaco puede servir de motivación adicional para tomar la decisión de dejarlo.

En algunos casos, los médicos pueden derivar a las personas que desean dejar de fumar a programas especializados para dejar de fumar. Estos programas pueden ofrecer un enfoque integral que incluya terapias farmacológicas, terapias de comportamiento y apoyo grupal, lo que puede aumentar las posibilidades de éxito en el proceso de dejar de fumar.

En conclusión, los médicos y profesionales de la salud desempeñan un papel esencial en el proceso de dejar de fumar. Su conocimiento, experiencia y apoyo pueden ser fundamentales para superar los desafíos asociados con la adicción al tabaco y alcanzar el objetivo de una vida libre de tabaco.

Si estás considerando dejar de fumar, no dudes en buscar la orientación y el apoyo de estos especialistas para aumentar tus posibilidades de éxito y mejorar tu salud en general.

8.2. Consejeros y terapeutas

En el camino para dejar de fumar, los consejeros y terapeutas juegan un papel importante, ya que brindan un apoyo emocional, psicológico y conductual que puede acercarnos a conquistar nuestro objetivo.

Los consejeros y terapeutas están capacitados para trabajar con personas que desean dejar de fumar y ofrecen un enfoque individualizado que se adapta a las necesidades y circunstancias de cada persona.

Su principal objetivo es ayudarte a comprender los factores subyacentes que contribuyen a tu adicción al tabaco y proporcionarte estrategias para afrontarlos de manera efectiva.

Una de las principales ventajas de trabajar con un consejero o terapeuta es la atención personalizada que podemos recibir. A través de sesiones individuales, podrás expresar tus pensamientos, preocupaciones y metas en un ambiente seguro y confidencial.

El consejero o terapeuta te guiará en la identificación de patrones de comportamiento relacionados con el tabaquismo y te ayudará a desarrollar habilidades para manejar los desafíos que puedas el proceso de dejar de fumar.

Los consejeros y terapeutas también pueden ofrecer terapias de comportamiento específicas para dejar de fumar. Estas terapias se centran en modificar los patrones de pensamiento y comportamiento asociados con el tabaquismo. Al aprender a identificar y cambiar estos patrones, podrás mejorar tus habilidades para afrontar situaciones desencadenantes y resistir los antojos de nicotina.

Algunos consejeros y terapeutas también ofrecen terapias de grupo para dejar de fumar. Estas sesiones en grupo pueden proporcionar un entorno de apoyo y comprensión, al estar con otras personas que también están pasando por una situación similar. Compartir experiencias y estrategias con otros puede brindar una sensación de comunidad y ayudarte a sentir que no estás solo en este camino.

Los consejeros y terapeutas son profesionales altamente capacitados que pueden brindarte el apoyo emocional, psicológico y conductual necesario para dejar de fumar de manera exitosa.

Su enfoque individualizado y personalizado te permitirá comprender y superar los desafíos asociados con el tabaquismo.

Si estás considerando dejar de fumar, puedes buscar la orientación y el apoyo de un consejero o terapeuta para aumentar tus posibilidades de éxito y mejorar tu bienestar en general.

Capítulo 9

Antojos y recaídas

En el proceso de dejar de fumar, es común enfrentarse a antojos y recaídas. Estos desafíos forman parte del camino hacia una vida libre de tabaco, es importante conocerlos, entenderlos y aprender a manejarlos de manera efectiva.

Todos los fumadores y exfumadores conocemos los antojos de fumar, estos son esos fuertes deseos o impulsos por fumar que pueden surgirnos en cualquier momento, incluso después de haber dejado de fumar por un período prolongado.

Estos antojos están asociados con la adicción a la nicotina, y pueden ser desencadenados por situaciones específicas, emociones, estrés o incluso por el simple hecho de ver a alguien más fumando o de oler su característico aroma.

Es fundamental reconocer que los antojos son normales y temporales. Aunque estos pueden ser muy intensos, generalmente duran unos pocos minutos.

Aquí es donde es relevante la fuerza de voluntad y las estrategias para manejarlos.

Una de las estrategias efectivas para manejar los antojos es distraer la mente. En lugar de centrarte en el deseo de fumar, intenta enfocarte en otras actividades que disfrutes y que te mantengan ocupado tales como salir a dar un paseo, leer un libro, escuchar música, practicar técnicas de relajación u otras similares.

Además, contar con un sistema de apoyo siempre será de gran ayuda. Habla con amigos, familiares o incluso con un consejero sobre lo que estás experimentando. Compartir tus sentimientos y emociones, además de distraer tu mente, puede darte consuelo y aliento para resistir los antojos.

Por otra parte, las recaídas son situaciones en las que un ex fumador vuelve a fumar nuevamente. Aunque una recaída puede ser desalentadora, no significa que hayas fracasado en tu intento de dejar el cigarrillo. Es una oportunidad para aprender y fortalecer tu determinación.

En estos casos es muy importante evaluar qué fue lo que desencadenó la recaída y cómo te sentiste en ese momento. Identificar las situaciones de alto riesgo y las emociones asociadas te va a ayudar a estar mejor preparado para evitar futuras recaídas.

Para prevenir recaídas, es esencial establecer metas realistas y alcanzables. Celebra cada pequeño logro y reconoce tu progreso en el camino hacia una vida libre de tabaco. También es útil recordar las razones por las que te decidiste a dejar el cigarrillo y los beneficios que has experimentado desde entonces.

No dudes en buscar un apoyo adicional si lo necesitas. Puedes considerar unirte a grupos de apoyo o buscar la guía de profesionales especializados en dejar de fumar.

En resumen, los antojos y las recaídas son desafíos comunes en el proceso de dejar de fumar, con determinación, apoyo y estrategias efectivas los puedes superar y seguir adelante.

9.1. ¿Qué son los antojos?

Los antojos son fuertes deseos o ansias intensas de fumar que experimentan las personas que han dejado de fumar o están en el proceso de hacerlo.

Estos deseos son provocados principalmente por la adicción a la nicotina, que es una de las sustancias químicas presentes en el tabaco. Los antojos pueden surgir en cualquier momento y pueden variar en intensidad y duración.

Cuando una persona fuma de manera habitual, su cuerpo se acostumbra a la presencia de la nicotina. Esta sustancia estimula la liberación de dopamina en el cerebro, lo que crea una sensación de placer y recompensa. Con el tiempo, el cerebro se vuelve dependiente de la nicotina y se acostumbra a recibir su dosis regular.

Cuando alguien decide dejar de fumar, el cuerpo experimenta una falta de nicotina, lo que puede desencadenar antojos intensos. Estos antojos son una señal de que el cerebro está buscando la dopamina que solía recibir a través del tabaco. En respuesta a esta necesidad, la persona puede sentir un fuerte deseo de fumar.

Los antojos pueden ser desencadenados por diversos factores tales como el estrés, la ansiedad, el aburrimiento, las situaciones sociales o el simple hecho de ver a alguien más fumando.

También es común que los antojos sean más intensos durante las primeras semanas después de dejar de fumar, ya que el cuerpo todavía se está adaptando a la falta de nicotina.

Es importante saber que los antojos son una parte normal del proceso de dejar de fumar y que no son una señal de debilidad o fracaso. Muchas personas enfrentan antojos al querer dejar el tabaco, superarlos requiere tiempo, paciencia y estrategias efectivas.

Una forma de manejar los antojos es reconocerlos y aceptarlos sin ceder a la tentación de fumar.

Es útil recordar las razones por las cuales decidiste dejar de fumar y enfocarte en los beneficios que has experimentado desde entonces, también te puede ayudar el hecho de buscar distracciones y actividades que disfrutes, esto te ayudará a mantener tu mente ocupada y alejada del deseo de fumar.

Además, contar con el apoyo de amigos, familiares o grupos de apoyo puede ser una ayuda muy valiosa para afrontar los antojos. Compartir tus experiencias y emociones con personas que han pasado por situaciones similares te puede dar el aliento y la motivación que necesitas para resistir los antojos.

Otra estrategia efectiva es establecer metas realistas y celebrar cada pequeño logro en tu proceso de dejar de fumar. Reconocer tu avance te va a permitir mantener una actitud positiva y enfocada en tus objetivos.

9.2. Estrategias para manejar los antojos

Enfrentar los antojos de tabaco puede ser uno de los desafíos más importantes al dejar de fumar. Existen diversas estrategias efectivas que pueden ayudarte a manejarlos de forma exitosa y mantener tu determinación en el proceso de abandonar el hábito. Algunas estrategias que pueden ser útiles para enfrentar los antojos y superarlos con éxito son:

Reconoce y acepta los antojos: El primer paso para manejar los antojos es reconocerlos y aceptarlos como una parte normal del proceso de dejar de fumar. No te sientas culpable o débil por experimentar estos deseos; es una reacción natural debido a la adicción a la nicotina. Acepta que los antojos son temporales y que puedes superarlos.

Identifica los desencadenantes

Presta atención a las situaciones, emociones o actividades que desencadenan tus antojos. Puede ser el estrés, el aburrimiento, la compañía de otras personas fumadoras o cualquier otra circunstancia específica. Al identificar estos desencadenantes, estarás mejor preparado para enfrentarlos y evitar que te tomen por sorpresa.

Distrae tu mente

Cuando sientas el antojo de fumar, distrae tu mente con actividades que disfrutes. Haz ejercicio, escucha música, lee un libro, sal a dar un paseo o juega algún juego. Mantener tu mente ocupada puede ayudarte a reducir la intensidad del antojo y desviar tu atención del deseo de fumar.

Respira profundamente y relájate

La práctica de técnicas de respiración profunda y relajación puede ser de gran ayuda para calmar los antojos. Tómate unos minutos para respirar lenta y profundamente, lo que puede reducir la ansiedad y el estrés asociado con el deseo de fumar.

Busca apoyo social

Compartir tus experiencias y emociones con amigos, familiares o grupos de apoyo puede brindarte el respaldo necesario para enfrentar los antojos. El apoyo social puede proporcionarte aliento y motivación para resistir la tentación de fumar.

Utiliza técnicas de autocontrol

Practica el autocontrol y la autodisciplina para evitar ceder ante los antojos. Establece metas claras y enfócate en los beneficios de dejar de fumar. Recuerda que cada vez que resistes un antojo, estás fortaleciendo tu determinación y acercándote más a una vida libre de tabaco.

Evita las situaciones de alto riesgo

Si identificas situaciones o lugares que aumentan tus antojos, trata de evitarlos en la medida de lo posible. Por ejemplo, si solías fumar después de las comidas, busca otras actividades para hacer en ese momento.

Visualiza tu éxito

Visualiza tu vida libre de humo, llena de salud y bienestar. Esta práctica te ayudará a mantener tu motivación ya recordar tus razones para dejar de fumar.

Recurre a recompensas

Establece un sistema de recompensas para ti mismo cada vez que superes un antojo o alcances un hito importante en tu proceso de dejar de fumar. Las recompensas pueden ser pequeñas cosas que te gusten, como un regalo, un momento de relax o un pasatiempo que disfrutes.

No te desanimes por las recaídas

Es normal experimentar recaídas durante el proceso de dejar de fumar. Si cedes ante un antojo y fumas, no te desanimes ni te sientas derrotado. Aprende de la experiencia y retoma tu determinación para seguir adelante y lograr liberarte del tabaco.

Recuerda que enfrentar los antojos de tabaco es un proceso gradual que requiere tiempo y paciencia. Cada vez que superas un antojo, estás fortaleciendo tu determinación y acercándote más a tu meta. Utiliza estas estrategias y encuentra las que mejor se adaptan a ti para manejar los antojos de manera efectiva y exitosa.

9.3. ¿Qué son las recaídas?

Las recaídas son momentos en los que una persona que ha dejado de fumar vuelve a consumir tabaco.

Es importante entender que las recaídas son una parte normal del proceso de dejar de fumar y no deben requerir como un fracaso absoluto. En cambio, son oportunidades para aprender y fortalecer la determinación de dejar el cigarrillo.

Las recaídas pueden ocurrir por diversas razones, y es esencial identificar y comprender los factores que pueden llevar a una persona a retomar el hábito de fumar. Algunas de las causas comunes de las recaídas incluyen:

Factores de estrés

El estrés es una de las principales causas que pueden llevar a una recaída. Algunas personas recurren al tabaco como una forma de aliviar el estrés, y cuando se enfrentan a situaciones difíciles, pueden sentir la tentación de fumar nuevamente.

Desencadenantes emocionales

Las emociones intensas como la tristeza, la ansiedad o la ira pueden desencadenar antojos de tabaco y aumentar el riesgo de recaída.

Presión social

La influencia de otras personas que fuman puede ser un desafío para aquellos que están tratando de dejar de fumar. La presión social puede hacer que una persona se sienta tentada a fumar nuevamente en situaciones sociales o cuando esté rodeada de fumadores.

Falta de apoyo

La falta de un sistema de apoyo adecuado puede aumentar la vulnerabilidad a las recaídas. Contar con el respaldo de amigos, familiares o grupos de apoyo puede ser fundamental para mantener la determinación y evitar recaer en el hábito de fumar.

Exceso de confianza

A medida que una persona avanza en su proceso de dejar de fumar y comienza a sentirse más cómoda como no fumadora, puede caer en la trampa de creer que puede manejar una pequeña cantidad de tabaco sin volver a caer en el hábito.

Autocompasión

Evita culparte a ti mismo o sentirte culpable por haber tenido una recaída. En lugar de eso, utiliza la recaída como una oportunidad para aprender y crecer en el proceso de dejar de fumar.

Algunas estrategias que te pueden ayudar a superar una recaída y volver al camino de una vida libre del cigarrillo son:

1. Evaluar la situación: reflexiona sobre los factores que te llevaron a recordar y analiza cómo puedes enfrentarlos de manera diferente en el futuro.
2. Buscar apoyo: comparte tus experiencias con amigos, familiares o grupos de apoyo. El apoyo social puede ser de gran ayuda para recuperar la motivación y fortalecer la determinación.
3. Reafirmar tus motivaciones: recuerda tus razones para dejar de fumar y enfócate en los beneficios que has experimentado desde que tomaste esa decisión.
4. Establecer nuevas metas: define metas claras y realistas para tu proceso de dejar de fumar.

Celebra cada pequeño logro y utiliza recompensas para motivarte.

5. Aprender de la experiencia: identifica lo que puedes aprender de la recaída y utiliza esa información para fortalecer tu determinación en el futuro.

Recuerda que dejar de fumar es un proceso que puede requerir varios intentos. No te desanimes si experimentas una recaída, en cambio, utilízala como una oportunidad para crecer y fortalecer tu compromiso de llevar una vida libre de tabaco.

Con perseverancia y apoyo, puedes superar las recaídas y alcanzar tu objetivo de una vida más saludable y libre de humo.

¡Adelante, tú puedes lograrlo!

9.4. Cómo prevenir recaídas

Prevenir las recaídas es un aspecto clave en el proceso de dejar de fumar y mantener una vida libre de tabaco.

Aunque las recaídas pueden ser parte del camino, existen estrategias efectivas para reducir el riesgo de que ocurran y fortalecer la determinación.

Aquí te propongo algunas recomendaciones para prevenir recaídas y que te pueden ayudar a mantener el compromiso de dejar de fumar:

Identificar y evitar desencadenantes

Reconoce las situaciones, lugares o personas que te hacen sentir la tentación de fumar nuevamente. Estos desencadenantes pueden variar para cada persona, pero identificarlos te permitirán prepararte para enfrentarlos de manera efectiva.

Establecer metas claras

Define tus objetivos y motivaciones para dejar de fumar de manera clara y realista. Establece metas a corto y largo plazo y mantén tu enfoque en ellas para mantener la determinación y evitar recaer en el hábito.

Buscar apoyo

Contar con el respaldo de amigos, familiares o grupos de apoyo puede ser fundamental para prevenir recaídas. Compartir tus experiencias y desafíos con personas que te entiendan y te apoyen, te ayudará a crear y mantener una invaluable red de apoyo.

Practicar técnicas de afrontamiento

Aprende técnicas de manejo del estrés, la ansiedad y las emociones intensas. La meditación, la respiración profunda, el yoga y la práctica de actividades que te relajan pueden ser herramientas efectivas para enfrentar situaciones estresantes sin recurrir al tabaco.

Mantener una alimentación saludable

Una dieta equilibrada y nutritiva puede tener un impacto positivo en tu bienestar emocional y físico. Asegúrate de consumir alimentos ricos en nutrientes y evitar alimentos altos en grasas saturadas y azúcares refinados.

Practicar actividad física

La actividad física regular puede ayudarte a reducir el estrés, mejorar tu estado de ánimo y disminuir la ansiedad. Encuentra una actividad que disfrutes, ya sea caminar, correr, nadar o practicar deportes, y hazlo parte de tu rutina diaria.

Evitar el consumo de alcohol y otras sustancias

El consumo de alcohol puede debilitar tu determinación para dejar de fumar y aumentar el riesgo de una recaída. Evita el consumo de otras sustancias que puedan estar asociadas con el hábito de fumar.

Recompensarte por tus logros

Celebra cada paso que des en tu proceso de dejar de fumar. Establece recompensas para ti mismo por alcanzar tus metas, ya sean pequeñas o grandes. Reconocer tus logros te motivará a seguir adelante.

Aprende de las recaídas

Si experimentas una recaída, no te culpes a ti mismo ni te desanimes. En cambio, reflexiona sobre lo que pudo haber desencadenado la recaída y utiliza esa información para fortalecer tu determinación en el futuro.

Visualizar tu futuro sin tabaco

Imagina cómo será tu vida una vez que hayas dejado de fumar por completo. Visualiza los beneficios para tu salud, el aumento de tu energía y la sensación de libertad que experimentarás al vivir sin tabaco. Esta visualización positiva te ayudará a mantener el enfoque en tu objetivo final.

Prevenir las recaídas es un proceso que requiere tiempo, paciencia y compromiso. No te desanimes si enfrentas varios de estos desafíos en el camino; cada intento es una oportunidad para aprender y fortalecer tu determinación.

Con el apoyo adecuado y las estrategias efectivas, puedes superar las recaídas y vivir una vida plena y libre de tabaco.

Capítulo 10

Recuperación al dejar de fumar

La decisión de dejar de fumar es un gran logro y marca el inicio de un proceso de recuperación significativo para su salud y bienestar.

La recuperación al dejar de fumar implica una serie de cambios positivos en tu cuerpo y en tu mente que se experimentan gradualmente a medida que te liberas del hábito del tabaco.

Algunos de los aspectos más importantes de la recuperación después de dejar de fumar son:

- Mejora de la función pulmonar: uno de los beneficios más notables de dejar de fumar es la mejora de la función pulmonar. A medida que dejas de inhalar el humo tóxico del tabaco, tus pulmones se recuperan y comienzan a eliminar gradualmente las toxinas acumuladas. Esto te permitirá respirar más fácilmente y aumentar tu capacidad pulmonar con el tiempo.

- Disminución del riesgo de enfermedades cardiovasculares: el tabaquismo está asociado con un mayor riesgo de enfermedades cardiovasculares, como ataques cardíacos y accidentes cerebrovasculares. Al dejar de fumar, se reduce significativamente este riesgo y comienzas a proteger tu corazón y sistema circulatorio.
- Aumento de la energía: muchas personas experimentan un aumento en sus niveles de energía después de dejar de fumar. Sin la presencia de nicotina y otras sustancias tóxicas del tabaco en tu cuerpo, tu metabolismo se regula y te sientes más vital y enérgico.
- Mejora en el sentido del gusto y el olfato: el tabaco puede afectar negativamente tus sentidos del gusto y del olfato. A medida que dejas de fumar, estos sentidos se recuperan y vas a disfrutar nuevamente de los sabores y aromas de los alimentos y bebidas.
- Reducción de la irritabilidad y la ansiedad: dejar de fumar puede ser un desafío emocional, ya que

el tabaco puede estar asociado con sentimientos de calma y relajación. Sin embargo, con el tiempo, la abstinencia de nicotina disminuye y te sientes menos irritable y ansioso.

- Piel más saludable: fumar puede dañar la piel y causar arrugas prematuras. Después de dejar de fumar, la piel comienza a recuperarse y se vuelve más saludable y radiante.
- Menor riesgo de desarrollar enfermedades respiratorias: el tabaco es un factor de riesgo importante para el desarrollo de enfermedades respiratorias, como la enfermedad pulmonar obstructiva crónica (EPOC). Al dejar de fumar, reduce este riesgo y mejora la salud de tus pulmones.
- Mayor esperanza de vida: numerosos estudios han demostrado que dejar de fumar aumenta la esperanza de vida. Al tomar la decisión de abandonar el tabaco, estás tomando medidas positivas para mejorar tu calidad de vida y prolongar tu tiempo de vida.

Es importante recordar que cada persona experimenta la recuperación al dejar de fumar de forma única y diferente. Algunos cambios pueden ser más notables que otros, pero cada uno de ellos contribuye a una mejora significativa en su bienestar general.

La recuperación es un proceso gradual y requiere tiempo y paciencia, pero los beneficios que obtendrás son invaluables.

Mantén una actitud positiva y perseverante en tu camino hacia una vida libre de tabaco. Si bien puede haber momentos de desafío, recuerda que cada día que dejas de fumar es un paso adelante hacia una vida más saludable y plena.

10.1. Cambios después de dejar de fumar

Después de dejar de fumar, tu cuerpo y mente experimentarán una serie de cambios positivos y beneficiosos.

Estos cambios son el resultado directo de liberarte del hábito del tabaco y de eliminar las sustancias tóxicas presentes en los cigarrillos. Algunos de los cambios más significativos que puedes experimentar después de dejar de fumar son:

- Respiración más fácil: uno de los cambios más notables es la mejora en la capacidad pulmonar y la respiración más fácil. Al dejar de fumar, tus pulmones se deshacen gradualmente del alquitrán y otras sustancias nocivas del tabaco, lo que permite que tus vías respiratorias se abran y puedas respirar más libremente.
- Menor tos y producción de mucosidad: el tabaco puede irritar las vías respiratorias, lo que lleva a una tos persistente y a la producción excesiva de mucosidad. Después de dejar de fumar, es probable que notes una disminución en la tos y en la producción de mucosidad, ya que tus pulmones se recuperan y se despejan.
- Aumento de la energía: muchas personas experimentan un aumento en sus niveles de energía después de dejar de fumar. Sin la presencia de nicotina en tu sistema, tu metabolismo se estabiliza y te sientes más vital y enérgico.

- Mejora el sentido del gusto y el olfato: el tabaco puede afectar negativamente tu sentido del gusto y el olfato. Después de dejar de fumar, estos sentidos se recuperan y comienzas a disfrutar de los sabores y aromas con mayor intensidad.
- Piel más saludable: fumar puede dañar la piel y causar arrugas prematuras. Después de dejar de fumar, la piel comienza a recuperarse ya lucir más saludable y radiante.
- Menor riesgo de enfermedades cardiovasculares: el tabaquismo es un factor de riesgo importante para enfermedades cardiovasculares, como ataques cardíacos y accidentes cerebrovasculares. Después de dejar de fumar, reduce significativamente este riesgo y protege tu corazón y sistema circulatorio.
- Mejora de la función sexual: fumar puede afectar la función sexual tanto en hombres como en mujeres. Después de dejar de fumar, es posible que experimentes una mejora en tu función sexual y en tu deseo sexual.

- Reducción del riesgo de enfermedades respiratorias: el tabaquismo es un factor de riesgo importante para el desarrollo de enfermedades respiratorias crónicas, como la EPOC. Después de dejar de fumar, reduce este riesgo y mejora la salud de tus pulmones.
- Menor riesgo de desarrollar cáncer: dejar de fumar disminuye significativamente el riesgo de desarrollar varios tipos de cáncer, incluido el cáncer de pulmón, garganta, boca y esófago.
- Bienestar emocional: muchas personas experimentan una mejora en su bienestar emocional después de dejar de fumar. La abstinencia de nicotina puede ser un desafío emocional, pero con el tiempo, es posible que te sientes menos ansioso, estresado o deprimido.

Es importante destacar que estos cambios pueden variar de una persona a otra y que la recuperación después de dejar de fumar es un proceso gradual.

Cada día sin tabaco es un logro y un paso hacia una vida más saludable y libre de humo. Mantén una actitud positiva y perseverante, y recuerda que los beneficios de dejar de fumar superan con creces cualquier desafío que puedas enfrentar en el camino.

10.2. Tiempo de recuperación post tabaquismo

El proceso de recuperación después de dejar de fumar es algo único y personal para cada individuo.

A medida que dejas atrás el hábito del tabaco, tu cuerpo y mente comienza a experimentar cambios significativos que te conducen hacia una vida más saludable y libre de humo.

A continuación, detallo el tiempo aproximado que puede tomar para que ciertos aspectos de tu salud se recuperen después de dejar de fumar.

Respiración y función pulmonar

En las primeras semanas después de dejar de fumar, notarás una mejoría en la capacidad pulmonar y la respiración más fácil.

A medida que avanza el tiempo, tus pulmones se despejarán gradualmente de los tóxicos del tabaco, lo que permitirá una mayor expansión de los pulmones y una respiración más profunda.

Es posible que después de varios meses o años de dejar de fumar, experimentes una notable mejora en la función pulmonar y en la resistencia física.

Presión arterial

En los primeros días después de dejar de fumar, tu presión arterial comenzará a disminuir a niveles más saludables.

A medida que continúes sin fumar, vas a reducir el riesgo de desarrollar problemas cardiovasculares relacionados con la hipertensión.

Circulación sanguínea

Poco después de dejar de fumar, la circulación sanguínea comienza a mejorar. Tus vasos sanguíneos se dilatan más fácilmente, lo que mejora el flujo de sangre y el suministro de oxígeno a todas las partes del cuerpo.

Con el tiempo, notarás una mayor sensación de calidez en las extremidades y una mayor energía general.

Tos y mucosidad

Durante las primeras semanas después de dejar de fumar, es común experimentar una tos persistente y una mayor producción de mucosidad a medida que los pulmones se deshacen de las impurezas acumuladas.

Sin embargo, con el tiempo, esta tos y producción de mucosidad disminuirá y notará una mejora significativa en la salud de sus vías respiratorias.

Función cardiovascular

Después de unos meses de dejar de fumar, es probable que tu corazón y sistema cardiovascular muestren signos de recuperación.

La función cardíaca se estabiliza y se reduce el riesgo de desarrollar enfermedades cardiovasculares graves.

Energía y bienestar en general

A medida que el tiempo pasa y te mantienes sin fumar, es probable que experimentes un aumento gradual en tus niveles de energía y bienestar general.

La abstinencia de nicotina va a ser desafiante al principio, pero a medida que tu cuerpo se libera de la dependencia del tabaco, tendrás más energía y una mayor sensación de bienestar.

La recuperación después de dejar de fumar puede variar de una persona a otra y depende de diversos factores, como la cantidad de tiempo que se haya fumado y la salud general de cada individuo.

Algunos beneficios, como una mejora en la función pulmonar y la circulación sanguínea, se pueden notar en las primeras semanas y meses, mientras que otros pueden llevar más tiempo.

Capítulo 11

Cronograma para dejar de fumar

Dejar de fumar es un proceso que requiere planificación, determinación y compromiso. Cada persona es única, por lo que no hay un enfoque único que funcione para todos.

Sin embargo, tener un cronograma bien estructurado puede ser de gran ayuda para alcanzar el objetivo de abandonar el tabaco de forma gradual y exitosa.

A continuación, te presento un cronograma general, el cual puedes adaptar según tus necesidades y preferencias personales, espero que sea tu gran aliado y que te ayude a cumplir la meta de dejar el cigarrillo.

Semana 1: Preparación inicial

Establece una fecha para dejar de fumar. Elige un día significativo para ti y que te brinde tiempo suficiente para prepararte mental y emocionalmente.

Comienza a informarte sobre los beneficios de dejar de fumar y los posibles desafíos que puedes enfrentar durante el proceso de abstinencia.

Considera contarle tu decisión de dejar de fumar a tus seres queridos, para que te brinden apoyo y aliento.

Semana 2: Deshazte de los productos de tabaco

Elimina todos los cigarrillos, tabaco de pipa, cigarros electrónicos o cualquier otro producto relacionado con el tabaco que tengas a la mano, en tu hogar, automóvil o lugar de trabajo.

Limpia cualquier área que esté impregnada de olor a tabaco para reducir las tentaciones.

Semana 3: Identifica tus desencadenantes

Observa cuándo y por qué sientes la necesidad de fumar. Identifica situaciones, emociones o actividades que actúen como desencadenantes para tu consumo de tabaco.

Busca alternativas saludables para enfrentar esos desencadenantes, como practicar técnicas de relajación, hacer ejercicio o hablar con alguien de confianza.

Semana 4: Establece una estrategia de afrontamiento

Desarrolla un plan para manejar los antojos y las situaciones de alto riesgo. Puedes llevar contigo chicles sin nicotina, caramelos, o buscar actividades que te mantengan ocupado y distraído.

Considera unirte a grupos de apoyo o buscar recursos en línea que te ayuden a mantener la motivación y el compromiso.

Semanas 5 y 6: Comienza a reducir la cantidad de tabaco

Si fumas varios cigarrillos al día, comienza a reducir gradualmente la cantidad diaria. Por ejemplo, si fumas 10 cigarrillos al día, intenta fumar solo 8 o 7 durante esta semana. Es muy conveniente establecer horarios específicos para fumar y tratar de posponer el primer cigarrillo del día.

Semanas 7 y 8: Establece metas diarias

Fija metas diarias para reducir aún más la cantidad de cigarrillos. Si te sientes cómodo, puedes intentar fumar solo 5 o 6 al día.

Aumenta tu participación en actividades que te mantienen ocupado y disminuyen tus oportunidades de fumar.

Semana 9: Día de dejar de fumar

Llegó el día en que dejarás de fumar por completo. Deshazte de todos los cigarrillos que te queden y comprométete contigo mismo a mantener la abstinencia.

Recuerda que el primer día puede ser desafiante, pero también es el inicio de una nueva etapa en tu vida.

Semana 10 en adelante: Mantén tu determinación

A medida que avanzan las semanas y meses sin fumar, celebra cada día de abstinencia como un logro significativo.

Si enfrentas desafíos o recaídas, no te desanimes. Aprende de esas experiencias y sigue adelante con tu compromiso de dejar de fumar. Recuerda que dejar de fumar es un proceso gradual y personal.

Si sientes que necesitas más tiempo para reducir la cantidad de cigarrillos antes de dejar de fumar por completo, sigue tu propio ritmo. Lo más importante es mantener la determinación y el enfoque en tu objetivo.

Capítulo 12

Libre de humo a largo plazo

Felicidades, has tomado la valiente decisión de dejar de fumar y has recorrido un camino significativo para lograr una vida libre de humo.

Ahora que has alcanzado este logro, es importante mantener tu compromiso y seguir enfocado en mantener una vida sin tabaco a largo plazo. Aquí te presento algunas estrategias y consejos para mantener tu libertad del tabaco:

- Reflexiona sobre tu progreso: tómate un momento para reflexionar sobre el camino que ha recorrido y los desafíos que ha superado para dejar de fumar.
- Reconoce tus logros y valora tu determinación: mantén en mente que cada día libre de humo es una victoria y un paso hacia una vida más saludable. reconoce y celebra tus logros a medida que avanzas en tu vida libre de humo.

Premia tu determinación con algo que te guste y te motive a seguir adelante.

- Establece metas a largo plazo: define tus objetivos a largo plazo en tu vida libre de tabaco. Estas metas pueden incluir mejorar tu salud en general, aumentar tu resistencia física, ahorrar dinero o tener una mejor calidad de vida. Mantén estas metas presentes para mantener la motivación en los momentos difíciles.
- Busca apoyo continuo: aunque hayas dejado de fumar, el apoyo social sigue siendo importante en tu camino a largo plazo. Comparte tus logros con tus seres queridos y busca el respaldo de grupos de apoyo o comunidades en línea de personas que también han dejado de fumar. El apoyo emocional puede ser fundamental para enfrentar desafíos futuros.
- Evita situaciones de alto riesgo: identifica situaciones o lugares que pueden tentarte a retomar el cigarrillo y busca formas de evitarlos. Si te enfrentas a situaciones estresantes, busca

alternativas saludables para manejar el estrés y no recurrir al tabaco como una forma de escape.

- Encuentra nuevas formas de manejar el estrés: el estrés puede ser un desencadenante común para volver a fumar. Busca actividades que te ayuden a relajarte y manejar el estrés, tales como practicar yoga, meditar, hacer ejercicio o pasar tiempo al aire libre.
- Mantente activo personalmente: el ejercicio regular no solo beneficia tu salud en general, sino que también puede ser una excelente manera de distraerte y liberar tensiones. Encuentra una actividad física que disfrutes y haz de ella parte de tu rutina diaria.
- Perdona las recaídas: si llegas a tener una recaída, no te castigues ni te desanimes. Aprende de la experiencia y comprométete a retomar tu camino hacia una vida libre de tabaco.
- Visualiza tu futuro sin tabaco: imagina cómo te ves y te sientes en un futuro sin tabaco. Visualiza una vida más saludable, llena de energía y libre de las cadenas del tabaco. Esta visión puede

fortalecer tu determinación y enfoque en mantener tu libertad del tabaco a largo plazo.

Recuerda que cada día es una nueva oportunidad para fortalecer tu compromiso y disfrutar de una vida plena y libre de humo.

Con paciencia, determinación y el apoyo adecuado, puedes mantener tu libertad del tabaco y disfrutar de los muchos beneficios de una vida saludable y sin tabaco.

12.1. Cómo mantenerse motivado

Mantenerte motivado en el proceso de dejar de fumar es esencial para asegurar el éxito a largo plazo. Aunque dejar el tabaco puede ser un desafío, con la motivación adecuada, podrás superar obstáculos y mantener tu determinación de dejar de fumar.

Algunas estrategias para mantener tu motivación durante y después del proceso de dejar de fumar son:

1. Reconoce tus logros: celebra cada logro, ya sea grande o pequeño. Cada día sin fumar es una gran victoria y un importante avance en tu

camino hacia una vida más saludable. Tómate un momento para reconocer y valorar tu progreso.

2. Establece metas claras: define metas específicas y alcanzables para tu proceso de dejar de fumar. Estas metas pueden ser diarias, semanales o mensuales. Al tener metas claras, tendrás una dirección clara y un sentido de propósito.

3. Encuentra tu razón para dejar de fumar: identifica las razones personales por las cuales deseas dejar de fumar. Puede ser mejorar tu salud, proteger a tus seres queridos del humo de segunda mano o ahorrar dinero.

Mantén estas razones en mente cuando enfrentes retos y desafíos:

- Busca apoyo: comparte tus objetivos con amigos, familiares o grupos de apoyo. Contar con el respaldo de personas que te alienten y comprendan tus desafíos puede aumentar tu motivación y fortaleza.
- Visualiza el éxito: imagina cómo te sucederá y cómo será tu vida una vez que dejes de fumar por completo. Visualizar tu éxito te ayudará a

mantener una actitud positiva y enfocada hacia tus objetivos.

- Aprende de tus recaídas: si tienes una recaída, no te desanimes. En lugar de verlo como un fracaso, utilízalo como una oportunidad para aprender y crecer. Identifica las razones de la recaída y busca formas de evitarlas en el futuro.
- Encuentra actividades alternativas: identifica actividades o pasatiempos que puedas realizar en un lugar de fumar. Puedes probar con ejercicios, meditación, lectura, arte o cualquier actividad que te ayude a relajarte y distraerte.
- Rodéate de personas positivas: evita situaciones o personas que puedan influir negativamente en tu determinación de dejar de fumar. Rodéate de personas que te apoyen y te alienten en tu camino.
- Recompensate: establece recompensas para ti mismo cuando alcances tus metas. Las recompensas no tienen que ser grandes, pueden ser pequeños placeres que te motiven a seguir adelante.

- Mantén un diario: lleva un registro de tu progreso y emociones a lo largo de tu proceso de dejar de fumar. Esto te ayudará a identificar patrones y te permitirá reconocer tus logros.

La motivación puede fluctuar a lo largo del tiempo, es normal tener altibajos. Lo importante es recordar tu compromiso contigo mismo y con tu salud.

Con una actitud positiva y perseverancia, podrás mantener tu motivación y alcanzar tu objetivo de una vida libre de humo.

12.2. Cómo manejar el estrés sin fumar

El estrés es una parte natural de la vida, y muchas personas que intentan dejar de fumar pueden experimentar niveles elevados de estrés durante el proceso de abandono del tabaco.

Anteriormente, solías recurrir al cigarrillo como una forma de lidiar con el estrés, pero ahora, al dejar de fumar, es importante encontrar nuevas estrategias saludables para manejar estas situaciones.

Aquí hay algunas técnicas efectivas que te pueden ayudar a manejar el estrés sin recurrir al tabaco:

1. Practica la respiración profunda: la respiración profunda es una técnica simple y efectiva para reducir el estrés. Tómate unos minutos cada día para practicar una respiración lenta y profunda. Inhala profundamente por la nariz, siente cómo se expande tu abdomen, y luego exhala lentamente por la boca. Esta práctica puede calmar tu sistema nervioso y reducir la ansiedad.
2. Haz actividad física: el ejercicio es una excelente manera de liberar tensiones y reducir el estrés. Encuentra una actividad física que disfrutes, como caminar, correr, practicar yoga o hacer ejercicios de estiramiento. Además de liberar endorfinas, el ejercicio te ayudará a distraerte y mejorar tu estado de ánimo.
3. Practica la meditación o el mindfulness: la meditación y el mindfulness son técnicas que te permiten estar presente en el momento actual, sin preocuparte por el pasado o el futuro. Estas

prácticas pueden ayudarte a reducir el estrés y la ansiedad, y a encontrar una sensación de calma interior.

4. Encuentra actividades relajantes: busca actividades que te ayuden a relajarte y a reducir el estrés, como leer un libro, escuchar música relajante, disfrutar de un baño caliente o pasar tiempo en la naturaleza. Encuentra lo que funciona mejor para ti y asegúrate de hacer tiempo para estas actividades en tu rutina diaria.

5. Establece límites y prioridades: aprende a decir "no" a compromisos o situaciones que te generen estrés. Aprende a establecer límites y priorizar tus necesidades. No te sientas culpable por tomar tiempo para cuidar de ti mismo y tu bienestar.

6. Busca apoyo social: hablar sobre tus preocupaciones y emociones con amigos, familiares o incluso con un consejero o terapeuta puede ser muy beneficioso para manejar el estrés. El apoyo social puede brindarte una

perspectiva diferente y ayudarte a encontrar soluciones a tus problemas.

7. Practica hobbies y actividades que te gusten: participar en actividades que te gusten y te apasionen puede ser una forma efectiva de liberar el estrés y mejorar tu estado de ánimo. Dedica tiempo a tus pasatiempos y actividades que te traen alegría.

8. Evita el consumo de cafeína y de alcohol: la cafeína y el alcohol pueden aumentar los niveles de ansiedad y estrés en algunas personas. Considera reducir o evitar el consumo de estas sustancias, especialmente si sientes que te deterioran negativamente.

Recuerda que manejar el estrés sin fumar es un proceso que requiere tiempo y práctica. No te desanimes si algunas técnicas no funcionan de inmediato. Encuentra lo que funciona mejor para ti y sé amable contigo mismo durante todo el proceso.

Con el tiempo y la práctica, podrás desarrollar habilidades efectivas para manejar el estrés y vivir una vida libre de humo, disfrutando de una mayor salud y bienestar.

12.3. Ejercicio y actividad física

El ejercicio y la actividad física juegan un papel fundamental en el proceso de dejar de fumar y mantenerte libre de humo a largo plazo.

Además de los beneficios para la salud en general, la incorporación de una rutina de ejercicio regular puede ayudarte a reducir el estrés, la ansiedad y los antojos asociados con el abandono del tabaco.

Aquí te presento algunos aspectos importantes sobre cómo el ejercicio puede ser una herramienta valiosa en tu camino hacia una vida libre de humo:

1. Reducción del estrés y la ansiedad: el ejercicio aeróbico, como caminar, correr, nadar o andar en bicicleta, libera endorfinas, conocidas como las "hormonas de la felicidad". Estas sustancias químicas naturales en el cuerpo tienen un efecto positivo en el estado de ánimo, reducen el estrés y la ansiedad que a menudo se experimentan al dejar de fumar.

2. Control del peso: muchas personas temen ganar peso después de dejar de fumar. Incorporar actividad física regular en tu rutina puede ayudarte a controlar tu peso y prevenir el aumento de kilos no deseados. El ejercicio quema calorías y, combinado con una dieta saludable, puede ayudarte a mantener un peso adecuado.
3. Te distrae de los antojos: el ejercicio es una excelente manera de distraerse de los antojos de nicotina. Cuando sientas el deseo de fumar, intenta salir a caminar, hacer algunos ejercicios de estiramiento o practicar yoga. La actividad física te ayudará a desviar la atención de los antojos ya resistir la tentación de fumar.
4. Mejora la salud pulmonar: a medida que dejas de fumar, tus pulmones comenzarán a recuperarse. El ejercicio aeróbico fortalece tu capacidad pulmonar y mejora la circulación sanguínea, lo que contribuye a la sanación de los daños causados por el tabaquismo.

5. Aumenta la motivación y la confianza: establecer y alcanzar metas de ejercicio puede aumentar tu motivación y autoestima. A medida que ves tus logros y mejoras en la condición física, te quedarás más seguro en tu capacidad para dejar de fumar y mantenerte libre de humo.
6. Fomenta un estilo de vida saludable: al incorporar el ejercicio como parte de tu rutina diaria, estás fomentando un estilo de vida saludable. Esto puede tener un efecto positivo en otras áreas de tu vida, como una dieta más saludable, un mejor manejo del estrés y una mayor atención a tu bienestar en general.
7. Practicas actividades que disfrutas: para mantener la motivación a largo plazo, es importante encontrar actividades físicas que realmente disfrutes. Puede ser bailar, practicar deportes, ir al gimnasio, hacer senderismo o cualquier otra actividad que te haga sentir bien. Si disfrutas lo que haces, es más probable que te mantengas comprometido con tu rutina de ejercicio.

Siempre es recomendable consultar con un profesional de la salud antes de iniciar cualquier programa de ejercicios, especialmente si tienes alguna condición médica preexistente.

Comienza poco a poco e incrementa la intensidad y la duración del ejercicio de manera gradual. No te presiones demasiado y encuentra un equilibrio que se adapte a tu nivel de condición física y necesidades individuales.

El ejercicio y la actividad física son herramientas valiosas en el proceso de dejar de fumar. Además de los beneficios físicos, el ejercicio te ayuda a reducir el estrés, controlar el peso, mejorar tu salud pulmonar y aumentar tu motivación para mantener una vida libre de humo.

Encuentra actividades que disfrutes y conviértelas en parte de tu estilo de vida saludable.

Conclusión

En este libro hemos descubierto el complejo pero gratificante proceso de dejar de fumar y lograr una vida libre de humo. A lo largo de estas páginas, abordamos importantes temas, desde la toma de la decisión de dejar el tabaco hasta las estrategias para estabilizar motivado a largo plazo.

Dejar de fumar es una experiencia única y personal para cada persona. Enfrentar este desafío puede ser complicado, se pueden producir obstáculos en el camino. Sin embargo, es posible lograrlo, se alcanza con determinación, apoyo y enfoque.

Hemos destacado la importancia de buscar apoyo social, profesional y comunitario en este viaje hacia una vida libre de tabaco. La compañía de amigos y familiares, el respaldo de especialistas en dejar de fumar y la unión con grupos de apoyo son elementos fundamentales para superar momentos de debilidad y mantenerse firme en la determinación de abandonar el tabaco.

También hemos aprendido sobre cómo manejar los antojos y las recaídas que pueden surgir en el proceso. Identificar y evitar desencadenantes, así como aplicar estrategias para afrontar situaciones estresantes sin recurrir al tabaco, son habilidades esenciales para consolidar el éxito en el largo plazo.

La nutrición y el ejercicio han sido destacados como pilares fundamentales para apoyar la decisión de dejar de fumar. Una alimentación equilibrada y la incorporación de una rutina de actividad física no solo contribuyen al bienestar general, sino que también ayudan a sobrellevar los síntomas de abstinencia ya mantener un peso saludable.

También hemos conocido diversas terapias y tratamientos, como la hipnoterapia, la acupuntura, la terapia cognitivo-conductual, y otras terapias alternativas, así como la importancia de contar con especialistas en dejar de fumar, como médicos y consejeros, quienes brindan un enfoque personalizado para superar los desafíos específicos de cada persona.

Dejar de fumar es un camino desafiante, pero probablemente gratificante. Cada paso que damos hacia una vida libre de tabaco es un logro significativo.

En este proceso, es normal enfrentar momentos de duda y dificultad, pero con el apoyo adecuado y la determinación necesaria, es completamente posible alcanzar el objetivo de una vida sin humo.

Al leer este libro, espero que hayas encontrado la información, las herramientas y la inspiración necesaria para emprender y mantener tu viaje hacia una vida libre de humo.

Recuerda que cada persona es única, y el camino hacia la liberación del tabaco puede ser diferente para cada individuo.

Finalmente, te quiero agradecer por confiar en este libro como la guía hacia una vida más saludable y sin tabaco.

Te deseo mucho éxito en tu decisión de dejar de fumar y espero que encuentres el apoyo necesario para alcanzar una vida plena y llena de bienestar.

Bonus
Libertad en palabras:
Frases para dejar de fumar

Aquí tienes unas frases para reafirmar tu poder y tu intención y para reprogramar positivamente tu subconsciente.

Puedes repetírtelas nada más despertar mirándote al espejo o antes de dormir, también puedes grabarlas y oírlas 5 minutos antes de dormirte o incluso poner ese audio para que se repita en loop y escucharlas por la noche. También puedes decirlas en voz alta mientras caminas o vas conduciendo en el coche.

Sé constante y podrás conseguir todo lo que te propongas.

- Eres más fuerte que cualquier cigarrillo ¡puedes dejarlo!
- Tienes poder para dejar de fumar y ser saludable.
- Dejar de fumar valdrá la pena ¡adelante!

- Mereces una vida sin humo, llena de energía y vitalidad.
- El cigarrillo no debe controlar tu vida, toma tú el control y deja de fumar.
- Eres capaz de vencer el hábito de fumar ¡confía en ti!
- Cada cigarrillo sin fumar es un paso hacia una vida más saludable.
- Mereces cuidar y proteger tu cuerpo ¡dile adiós al tabaco!
- Mereces aire puro y bienestar.
- Resiste la tentación de fumar y alcanza tu libertad.
- Decide dejar el cigarrillo y comienza una nueva vida.
- No dejes que el cigarrillo robe tu tiempo, salud y energía.
- Eres valiente, enfrenta la adicción y gana la batalla.
- Todo esfuerzo para dejar de fumar te acerca a tu objetivo.
- No necesitas el cigarrillo para sentirte seguro.

- Mereces una vida sin humo, llena de libertad y salud.
- Cada día sin fumar es una victoria.
- Tienes el poder para vivir sin tabaco ¡sé la mejor versión de ti mismo!
- Fumar no es un consuelo, tienes otras formas más saludables de enfrentar la vida.
- Eres el conductor de tu destino, sigue una vida sin humo.
- Cada paso para dejar de fumar es un acto de amor hacia ti mismo.
- Mereces respirar libremente.
- No necesitas fumar para ser parte de un grupo.
- Eres capaz de superar cualquier obstáculo ¡deja de fumar!
- No enciendas ese cigarrillo, fortalece tu voluntad.
- Puedes romper las cadenas del tabaco y ser libre.
- El cigarrillo no te define, deja de fumar.
- Eres protagonista de tu historia, haz que sea una historia sin humo.
- Un día sin tabaco, un día más sano.

- Eres dueño de tus decisiones, elige tu salud y bienestar.
- No necesitas del tabaco para enfrentar la vida.
- Mereces vivir sin humo, disfruta cada momento al máximo.
- Deja de fumar, gana control sobre tu vida.
- No dejes que el cigarrillo te domine, tienes el poder de liberarte.
- Mereces una vida en la que tu salud sea prioridad.
- Cada vez que eliges no fumar, estás eligiendo la libertad.
- Enfoca tu determinación para dejar de fumar.
- Tienes el coraje para enfrentar la adicción y vencerla.
- Dejar de fumar te abre la puerta a un mundo de posibilidades.
- No dejes que el cigarrillo robe tu tiempo y energía, tienes metas y sueños por cumplir.
- Te mereces una vida sin humo, llena de risas y buenos momentos.

- Cada paso que das hacia una vida sin tabaco es un paso hacia tu bienestar.
- Eres fuerte y decidido, puedes dejar de fumar cuando lo desees.
- No necesitas el tabaco para ser feliz.

Tu ayuda significa mucho

Si te gustó este libro, una de las mejores cosas que puedes hacer por mí sería dejar una reseña en el sitio web donde lo compraste. No te llevará mucho tiempo, pero si le das a mi obra una valoración alta, la verá más gente y, a su vez, ayudarás directamente a que mejore su vida, salud y felicidad.

Que tu viaje esté lleno de salud, paz y abundancia,
Simone Keys

www.ingramcontent.com/pod-product-compliance
Lightning Source LLC
Chambersburg PA
CBHW050251010526
44107CB00003B/275